Polished Spiral Karin Kuhlmann

"Although the creation of fractals is bounded to strict mathematical rules, the results are always very inspiring." – **Karin Kuhlmann**

Investigations
IN NUMBER, DATA, AND SPACE®
en español

Oficinas editoriales: Glenview, Illinois • Parsippany, Nueva Jersey • Nueva York, Nueva York
Oficinas de ventas: Boston, Massachusetts • Duluth, Georgia
Glenview, Illinois • Coppell, Texas • Sacramento, California • Mesa, Arizona

The Investigations curriculum was developed by TERC, Cambridge, MA.

This material is based on work supported by the National Science Foundation
("NSF") under Grant No.ESI-0095450. Any opinions, findings, and conclusions or
recommendations expressed in this material are those of the author(s) and do not
necessarily reflect the views of the National Science Foundation.

ISBN: 0-328-29477-2

ISBN: 978-0-328-29477-0

1 2 3 4 5 6 7 8 9 10-V057-15 14 13 12 11 10 09 08 07

Palabras e ideas de matemáticas

Números y operaciones

Patrones, funciones y cambio

Datos y probabilidades

Geometría y medición

Juegos

Tabla de juegos   127

El *Manual de matemáticas para el estudiante* es un libro de consulta. El libro se divide en dos secciones.

Palabras e ideas de matemáticas

Estas páginas ilustran importantes palabras e ideas de matemáticas que has ido aprendiendo. En ellas se identifican los términos y conceptos importantes y se ofrecen problemas relacionados. Úsalas para repasar o profundizar temas de matemáticas.

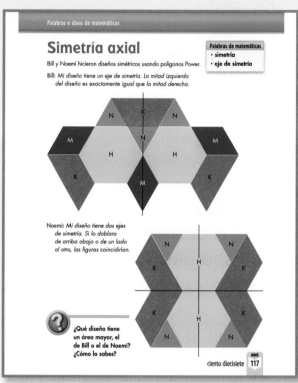

▲ Manual de matemáticas para el estudiante, pág. 117

Juegos

Puedes consultar la sección Juegos para conocer mejor las reglas antes de jugar en casa o en la escuela. En estas páginas también encontrarás listas de materiales y hojas de anotaciones para cada juego.

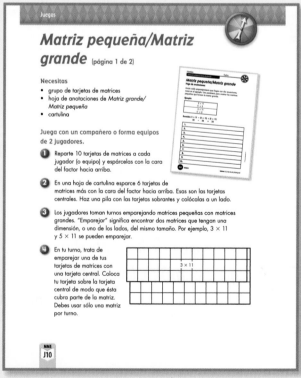

▲ Manual de matemáticas para el estudiante, pág. J10

Las secciones de **Práctica diaria** y **Tarea** contienen páginas con
información muy útil del *Manual de matemáticas para el estudiante* (MME).

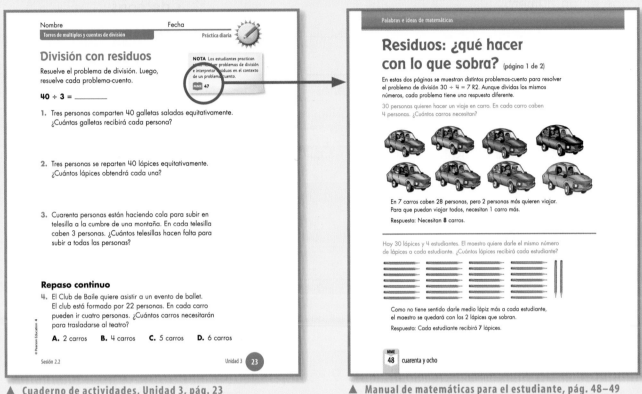

Nombre _____ Fecha _____

Torres de múltiplos y cuentos de división   Práctica diaria

División con residuos

NOTA Los estudiantes practican cómo resolver problemas de división e interpretar residuos en el contexto de un problema-cuento. **MME** 47

Resuelve el problema de división. Luego, resuelve cada problema-cuento.

$40 \div 3 =$ _____

1. Tres personas comparten 40 galletas saladas equitativamente. ¿Cuántas galletas recibirá cada persona?

2. Tres personas se reparten 40 lápices equitativamente. ¿Cuántos lápices obtendrá cada una?

3. Cuarenta personas están haciendo cola para subir en telesilla a la cumbre de una montaña. En cada telesilla caben 3 personas. ¿Cuántos telesillas hacen falta para subir a todas las personas?

Repaso continuo

4. El Club de Baile quiere asistir a un evento de ballet. El club está formado por 22 personas. En cada carro pueden ir cuatro personas. ¿Cuántos carros necesitarán para trasladarse al teatro?

   A. 2 carros   **B.** 4 carros   **C.** 5 carros   **D.** 6 carros

© Pearson Education 4

Sesión 2.2   Unidad 3 **23**

▲ **Cuaderno de actividades, Unidad 3, pág. 23**

Palabras e ideas de matemáticas

Residuos: ¿qué hacer con lo que sobra? (página 1 de 2)

En estas dos páginas se muestran distintos problemas-cuento para resolver el problema de división $30 \div 4 = 7$ R2. Aunque dividas los mismos números, cada problema tiene una respuesta diferente.

30 personas quieren hacer un viaje en carro. En cada carro caben 4 personas. ¿Cuántos carros necesitan?

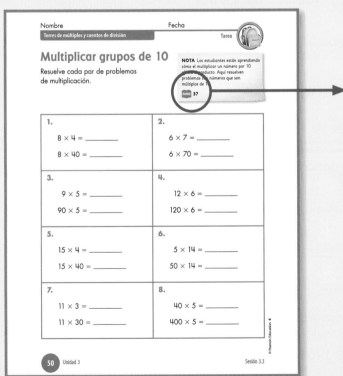

En 7 carros caben 28 personas, pero 2 personas más quieren viajar. Para que puedan viajar todos, necesitan 1 carro más.

Respuesta: Necesitan **8** carros.

Hay 30 lápices y 4 estudiantes. El maestro quiere darle el mismo número de lápices a cada estudiante. ¿Cuántos lápices recibirá cada estudiante?

Como no tiene sentido darle medio lápiz más a cada estudiante, el maestro se quedará con los 2 lápices que sobran.

Respuesta: Cada estudiante recibirá 7 lápices.

MME **48** cuarenta y ocho

▲ **Manual de matemáticas para el estudiante, pág. 48–49**

Nombre _____ Fecha _____

Torres de múltiplos y cuentos de división   Tarea

Multiplicar grupos de 10

NOTA Los estudiantes están aprendiendo cómo el multiplicar un número por 10 afecta el producto. Aquí resuelven problemas con números que son múltiplos de 10. **MME** 37

Resuelve cada par de problemas de multiplicación.

1. $8 \times 4 =$ _____ $8 \times 40 =$ _____	**2.** $6 \times 7 =$ _____ $6 \times 70 =$ _____
3. $9 \times 5 =$ _____ $90 \times 5 =$ _____	**4.** $12 \times 6 =$ _____ $120 \times 6 =$ _____
5. $15 \times 4 =$ _____ $15 \times 40 =$ _____	**6.** $5 \times 14 =$ _____ $50 \times 14 =$ _____
7. $11 \times 3 =$ _____ $11 \times 30 =$ _____	**8.** $40 \times 5 =$ _____ $400 \times 5 =$ _____

© Pearson Education 4

50 Unidad 3   Sesión 3.3

▲ **Cuaderno de actividades, Unidad 3, pág. 50**

Palabras e ideas de matemáticas

Multiplicar grupos de 10
(página 2 de 2)

Observa la relación que existe entre estas tres ecuaciones:

$$3 \times 4 = 12$$
$$3 \times 40 = 120$$
$$30 \times 40 = 1,200$$

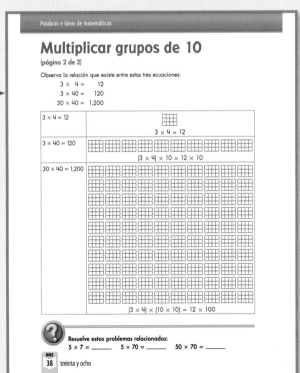

$3 \times 4 = 12$

$3 \times 40 = 120$ $(3 \times 4) \times 10 = 12 \times 10$

$30 \times 40 = 1,200$ $(3 \times 4) \times (10 \times 10) = 12 \times 100$

? Resuelve estos problemas relacionados:

$5 \times 7 =$ _____ $5 \times 70 =$ _____ $50 \times 70 =$ _____

MME **38** treinta y ocho

▲ **Manual de matemáticas para el estudiante, pág. 38**

Valor de posición

El valor de un dígito cambia según la posición que ocupe en un número.

| decenas de millar | millares | / centenas | decenas | unidades |

En estos dos ejemplos el dígito 9 tiene valores diferentes.

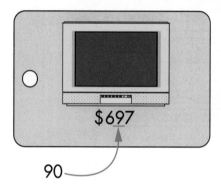

$697

90

El dígito 9 en la posición de las decenas representa 90.

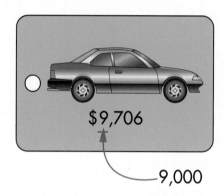

$9,706

9,000

El dígito 9 en la posición de los millares representa 9,000.

Mira los valores de los dígitos de este número:

12,706 (doce mil setecientos seis)

El dígito 1 representa   10,000
El dígito 2 representa   2,000
El dígito 7 representa   700
El dígito 0 representa   0 decenas
El dígito 6 representa   6

12,706 = 10,000 + 2,000 + 700 + 6

¿Cuáles son los valores de los dígitos del número 13,048?

Valor de posición en números grandes

Para nombrar números grandes usamos un patrón.

BILLONES			MILLARES DE MILLONES			MILLONES			MILLARES			UNIDADES		
centenas de billón	decenas de billón	unidades de billón	centenas de millares de millón	decenas de millares de millón	unidades de millares de millón	centenas de millón	decenas de millón	unidades de millón	centenas de millar	decenas de millar	unidades de millar	centenas	decenas	unidades

Cada grupo de tres dígitos está separado por una coma.
Los tres dígitos agrupados reciben un nombre (como "millones").

Dentro de cada grupo de tres dígitos hay un patrón de
unidades, decenas y centenas.

Para contar los latidos del corazón se usan números
muy grandes.

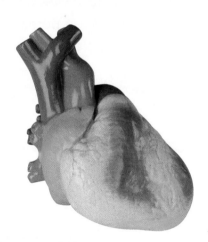

(uno)	aproximadamente 1 latido por segundo
(mil)	1,000 latidos en menos de 20 minutos
(un millón)	1,000,000 de latidos en menos de 2 semanas
(mil millones)	1,000,000,000 de latidos en aproximadamente 35 años

¡Un gúgol es un número muy, muy grande!

Un gúgol se escribe con el dígito 1 seguido por 100 ceros:

10,000,000,000,000,000,000,000,000,000,000,000,000,
000,000,000,000,000,000,000,000,000,000,000,000,000,
000,000,000,000,000,000

Estrategias de suma

(página 1 de 2)

En cuarto grado estás usando diferentes estrategias para resolver los problemas de suma eficazmente. Aquí hay un ejemplo:

$$
\begin{array}{r}
1{,}852 \\
+\ \ 688 \\
\hline
\end{array}
$$

Descomponer números

Cheyenne resolvió este problema sumando un número por partes.

La solución de Cheyenne

$1{,}852 + 688 =$

$1{,}852 + 600 = 2{,}452$

$2{,}452 + 80 = 2{,}532$

$2{,}532 + 8 = \mathbf{2{,}540}$

Richard y Jill resolvieron el problema sumando por posición. Sus soluciones son parecidas, pero anotaron su trabajo de manera diferente.

La solución de Richard

$1{,}800 + 600 =$ $2{,}400$

$50 + 80 =$ 130

$2 + 8 =$ $\underline{10}$

$\mathbf{2{,}540}$

La solución de Jill

$$
\begin{array}{r}
1{,}852 \\
+\ \ 688 \\
\hline
1{,}000 \\
1{,}400 \\
130 \\
+\ \ 10 \\
\hline
\mathbf{2{,}540}
\end{array}
$$

Estrategias de suma

(página 2 de 2)

$$1,852 \\ + 688$$

Cambiar los números

Emaan resolvió el problema cambiando un número y ajustando la suma. Cambió 688 por 700 para crear un problema más fácil de resolver.

La solución de Emaan

$$1,852$$
$$+ 700 \qquad \textit{Sumé 700 en vez de 688.}$$
$$\overline{2,552}$$
$$- 12 \qquad \textit{Luego, resté los 12 adicionales.}$$
$$\mathbf{2,540}$$

Venetta resolvió este problema creando un problema equivalente.

La solución de Venetta

$$1,852 + 688 =$$
$$(-12) \qquad (+12) \qquad \textit{Sumé 12 a 688 y resté 12 de 1,852.}$$
$$1,840 + 700 = \mathbf{2,540}$$

Muestra cómo resolverías el problema 1,852 + 688.

Comparar notaciones en sumas

$$564 + 278 =$$

Jake y Ana resolvieron este problema sumando por posición. Sus soluciones son parecidas, pero anotaron su trabajo de manera diferente.

La solución de Jake

```
  564
+ 278
─────
  700
  130
   12
─────
  842
```

La solución de Ana (algoritmo usual)

```
  1 1
  564
+ 278
─────
  842
```

Los estudiantes en la clase de Jake y Ana compararon la notación que usaron en sus soluciones. Éstas son algunas de las cosas que observaron:

En ambas soluciones descompusieron los números por posición. Jake sumó primero las centenas, luego las decenas y luego las unidades. Ana sumó primero las unidades, luego las decenas y luego las centenas.

Los números pequeños del algoritmo usual representan decenas y centenas.

Las estrategias son generalmente las mismas, pero en la notación del algoritmo usual se combinan pasos.

El último paso de la solución de Jake es el mismo que el primer paso de la solución de Anna: $4 + 8 = 12$.

En el algoritmo usual "llevas" 10 unidades al lugar de las decenas y "llevas" 10 decenas al lugar de las centenas.

Problemas de resta

(página 1 de 2)

Hallar la parte que falta

Lucy manejó durante dos días para visitar a sus abuelos, que viven a 572 millas de su casa. El primer día recorrió 389 millas. ¿Cuántas millas recorrió el segundo día?

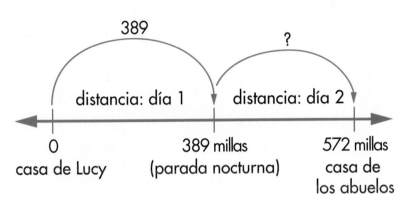

389

?

distancia: día 1

distancia: día 2

0
casa de Lucy

389 millas
(parada nocturna)

572 millas
casa de
los abuelos

Comparar dos cantidades

En la Escuela Bankhead hay 436 niñas y 378 niños.
¿Cuántas niñas más que niños hay en la escuela?

436 niñas	
378 niños	?

Problemas de resta

(página 2 de 2)

Quitar una cantidad

Helena tenía $8.56. Luego, gastó $4.35 en un regalo para su mamá. ¿Cuánto dinero le queda a Helena?

Dólares

Monedas de 10¢

Monedas de 1¢

Estrategias de resta

(página 1 de 3)

En cuarto grado estás utilizando diferentes estrategias para resolver problemas de resta eficazmente. Éste es un ejemplo:

$$
\begin{array}{r}
924 \\
- \ 672 \\
\hline
\end{array}
$$

Restar por partes

Amelia resolvió el problema restando por partes.

La solución de Amelia

$924 - 672 =$

$924 - 600 = 324$
$324 - 20 = 304$
$304 - 50 = 254$
$254 - 2 = \textbf{252}$

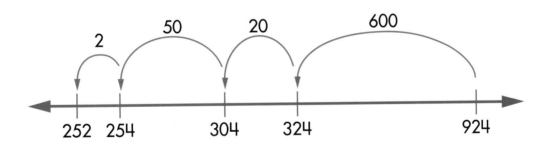

Comencé en el número 924 y salté hacia atrás 672 en cuatro partes (−600, −20, −50, −2).

Llegué al 252.

La respuesta es el número donde terminé.

$924 - 672 = \textbf{252}$

Estrategias de resta

(página 2 de 3)

$$924$$
$$- 672$$

Sumar hacia adelante

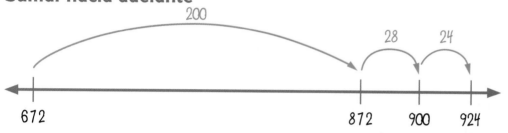

Jake usó una estrategia de suma hacia adelante para resolver 924 − 672.

La solución de Jake

672 + ___?___ = 924

672 + __200__ = 872

872 + __28__ = 900

900 + __24__ = 924

200 + 28 + 24 = **252**   *La respuesta es el total de todos los saltos hacia adelante desde el número 672 hasta el 924.*

Restar hacia atrás

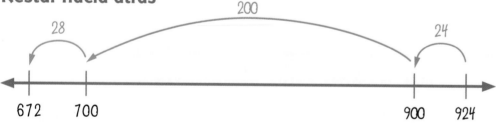

Luke usó una estrategia de restar hacia atrás.

La solución de Luke

924 − __24__ = 900

900 − __200__ = 700

700 − __28__ = 672

24 + 200 + 28 = **252**   *La respuesta es el total de todos los saltos hacia atrás desde el número 924 hasta el 672.*

Estrategias de resta

(página 3 de 3)

$$924$$
$$-\ 672$$

Cambiar los números

Sabrina y Úrsula resolvieron $924 - 672$ cambiando los números para crear un problema más fácil de resolver.

La solución de Sabrina

Sabrina cambió un número y luego hizo un ajuste para hallar su respuesta.

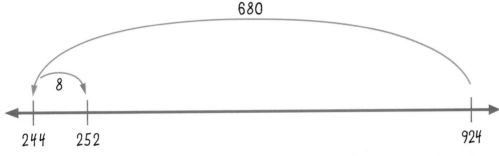

$924 - 672 =$

$924 - 680 = 244$ *Resté 680 en vez de 672.*

$244 + 8 = \mathbf{252}$ *Como resté demasiado, le sumé los 8 que le había restado.*

La solución de Úrsula

Úrsula resolvió este problema creando un problema equivalente.

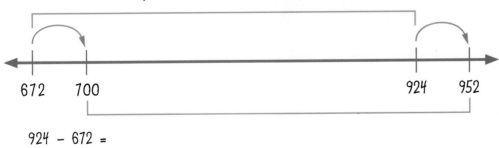

$924 - 672 =$

$(+28)\quad (+28)$

$952 - 700 = \mathbf{252}$

Muestra cómo resolverías el problema $924 - 672$.

Multiplicación (página 1 de 2)

Usa la multiplicación cuando quieras combinar grupos del mismo tamaño.

¿Cuántas naranjas hay en esta caja?

Hay 4 filas de naranjas.
Hay 6 naranjas en cada fila.
Hay 24 naranjas en la caja.

$$4 \times 6 = 24$$

factores   producto

$$\begin{array}{r} 4 \\ \times\ 6 \\ \hline 24 \end{array}$$ factores

producto

Multiplicación (página 1 de 2)

Éste es un ejemplo de multiplicación con números más grandes.

Los estudiantes que fueron a ver la obra de la escuela ocuparon
6 filas del auditorio. En cada fila hay 15 sillas. ¿Cuántos estudiantes
se sentaron en el auditorio?

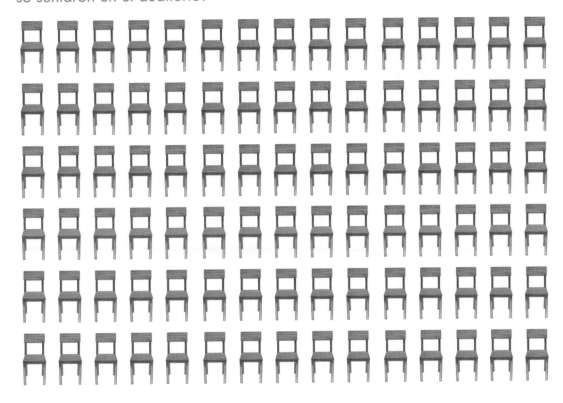

Hay 6 filas.

En cada fila hay 15 sillas.

90 estudiantes se sentaron en el auditorio.

$$6 \times 15 = 90$$

factores   producto

$$\begin{array}{r} 6 \\ \times\ 15 \\ \hline 90 \end{array}$$

factores

producto

¿Cuáles son los factores de 8 × 5 = 40? ¿Cuál es el producto?

Matrices (página 1 de 2)

Una matriz es una manera de representar una multiplicación.

Ésta es una matriz de sillas.

Hay 5 filas de sillas.

Hay 9 sillas en cada fila.

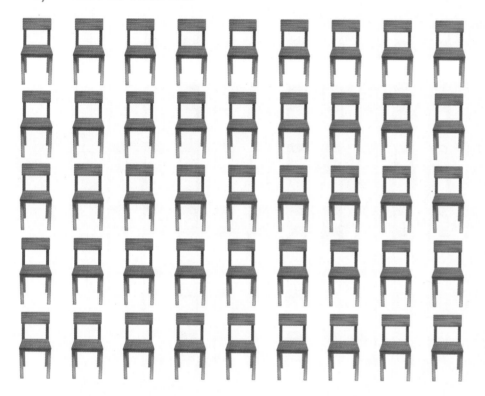

La ordenación de las sillas puede representarse con un rectángulo.

Cuando hablamos del tamaño de una matriz, decimos que las dimensiones son "5 por 9" (o "9 por 5", dependiendo de cómo miremos la matriz).

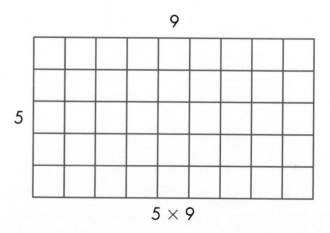

9

5

5×9

 ¿Cuáles son las dimensiones de esta matriz?

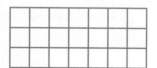

Matrices (página 2 de 2)

Aquí hay algunos ejemplos de matrices rectangulares que muestran cómo los problemas de multiplicación pueden ser descompuestos en partes más pequeñas.

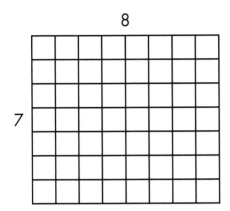

Esta matriz de 7 por 8 puede ser descompuesta en partes para hallar el producto de muchas maneras diferentes.

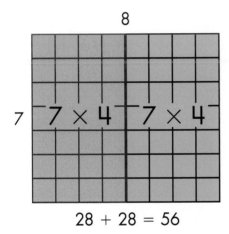

$28 + 28 = 56$

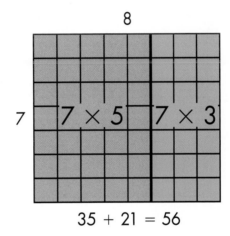

$35 + 21 = 56$

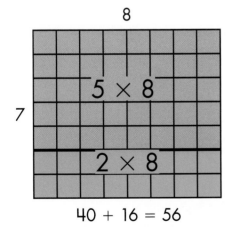

$40 + 16 = 56$

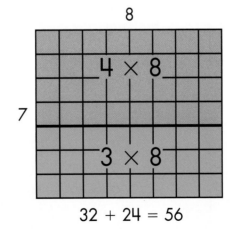

$32 + 24 = 56$

Todas estas matrices muestran que el producto de 7×8 es 56.

Matrices en blanco (página 1 de 2)

Con números muy grandes, las matrices en blanco pueden ser más fáciles de usar que las matrices con cuadrículas. Puedes imaginar las filas de cuadrados sin necesidad de dibujarlas todas.

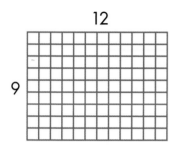

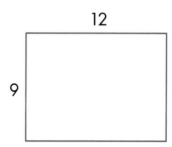

Observa las maneras cómo se usan las matrices en blanco para mostrar diferentes maneras de resolver el problema 9 × 12.

12

3	3 × 12 = 36
9 3	3 × 12 = 36
3	3 × 12 = 36

9 × 12 = (3 × 12) + (3 × 12) + (3 × 12)
9 × 12 = 36 + 36 + 36
9 × 12 = **108**

12

	6	6
9	9 × 6 54	9 × 6 54

9 × 12 = (9 × 6) + (9 × 6)
9 × 12 = 54 + 54
9 × 12 = **108**

12

	10	2
9	9 ×10 90	9 ×2 18

9 × 12 = (9 × 10) + (9 × 2)
9 × 12 = 90 + 18
9 × 12 = **108**

Matrices en blanco (página 2 de 2)

Estas matrices en blanco muestran diferentes maneras de resolver
el problema 14×20.

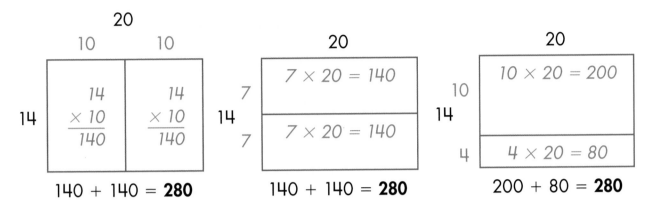

$$140 + 140 = \mathbf{280}$$

$$140 + 140 = \mathbf{280}$$

$$200 + 80 = \mathbf{280}$$

Esta matriz en blanco muestra una forma de solucionar 34×45.

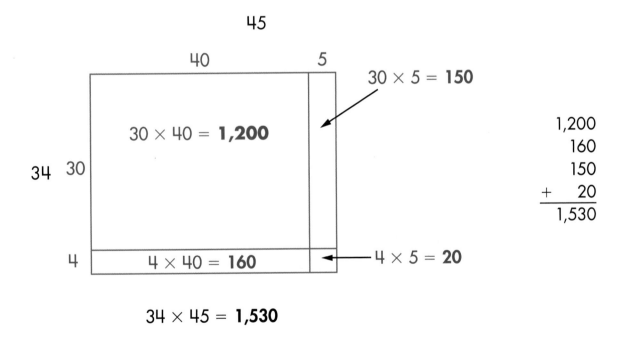

$$34 \times 45 = \mathbf{1,530}$$

**Usa matrices en blanco para mostrar algunas maneras
de resolver 8×14.**

Factores

Tres estudiantes tienen maneras diferentes de pensar sobre factores y tienen maneras diferentes de mostrar que 4 es un factor de 32.

Bill: *Un factor es un número entero que divide otro número en partes iguales, es decir, sin que sobre nada.*

$32 \div 4 = 8$

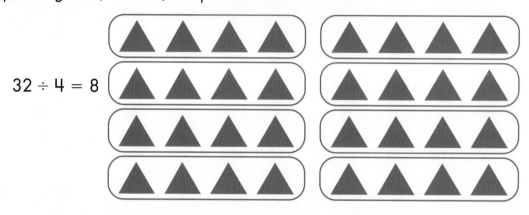

Por tanto, sé que 4 es un factor de 32.

Sabrina: *Un factor es una de las dimensiones de una matriz rectangular.*

Hay 32 fichas cuadradas en esta matriz de 4 por 8.

Por tanto, sé que 4 es un factor de 32.

(¡Y que 8 también es un factor de 32!)

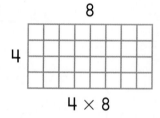

Derek: *Puedes contar salteado por el factor de un número y llegar exactamente a ese número.*

Puedo contar de 4 en 4 para llegar a 32.
¡4, 8, 12, 16, 20, 24, 28, 32!

Por tanto, sé que 4 es un factor de 32.

¿Qué otros números son factores de 32?

Factores de 24

Éstas son todas las matrices rectangulares que se pueden formar con 24 fichas cuadradas.

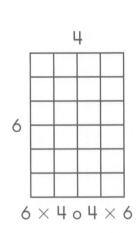

6 × 4 o 4 × 6

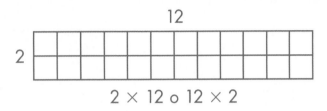

2 × 12 o 12 × 2

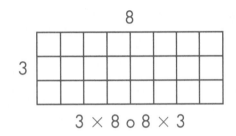

3 × 8 o 8 × 3

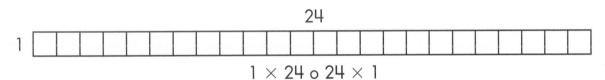

1 × 24 o 24 × 1

Cada una de las dimensiones de estos rectángulos es un factor de 24.

Listados en orden, los factores de 24 son los siguientes:

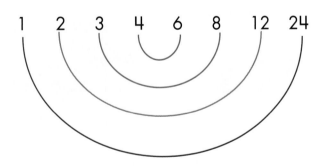

Algunos pares de factores pueden ser multiplicados para obtener un producto de 24.

1 × 24 = 24	2 × 12 = 24	3 × 8 = 24	4 × 6 = 24
24 × 1 = 24	12 × 2 = 24	8 × 3 = 24	6 × 4 = 24

Múltiplos

Esta tabla de 100 muestra un conteo de 8 en 8.

Los números coloreados son múltiplos de 8.

1	2	3	4	5	6	7	8	9	10
11	12	13	14	15	16	17	18	19	20
21	22	23	24	25	26	27	28	29	30
31	32	33	34	35	36	37	38	39	40
41	42	43	44	45	46	47	48	49	50
51	52	53	54	55	56	57	58	59	60
61	62	63	64	65	66	67	68	69	70
71	72	73	74	75	76	77	78	79	80
81	82	83	84	85	86	87	88	89	90
91	92	93	94	95	96	97	98	99	100

8	1×8
16	2×8
24	3×8
32	4×8
40	5×8
48	6×8
56	7×8
64	8×8
72	9×8
80	10×8
88	11×8
96	12×8

Una tienda vende CD a $8 cada uno.

1 CD cuesta $8. 2 CD cuestan $16. 3 CD cuestan $24. 4 CD cuestan $32.

Los precios de venta de los CD son múltiplos de 8:
$8, $16, $24, $32, ...

¿Cómo podrías usar múltiplos para hallar el precio de 7 CD?

Múltiplos: contar en la clase

Los estudiantes de la clase del Sr. Field contaron de 15 en 15. El primer estudiante dijo 15, el segundo dijo 30, el tercero dijo 45 y así sucesivamente. El último número que dijeron fue 300.

Los números que colorearon en esta tabla de 300 son múltiplos de 15.

1	2	3	4	5	6	7	8	9	10
11	12	13	14	15	16	17	18	19	20
21	22	23	24	25	26	27	28	29	30
31	32	33	34	35	36	37	38	39	40
41	42	43	44	45	46	47	48	49	50
51	52	53	54	55	56	57	58	59	60
61	62	63	64	65	66	67	68	69	70
71	72	73	74	75	76	77	78	79	80
81	82	83	84	85	86	87	88	89	90
91	92	93	94	95	96	97	98	99	100
101	102	103	104	105	106	107	108	109	110
111	112	113	114	115	116	117	118	119	120
121	122	123	124	125	126	127	128	129	130
131	132	133	134	135	136	137	138	139	140
141	142	143	144	145	146	147	148	149	150
151	152	153	154	155	156	157	158	159	160
161	162	163	164	165	166	167	168	169	170
171	172	173	174	175	176	177	178	179	180
181	182	183	184	185	186	187	188	189	190
191	192	193	194	195	196	197	198	199	200
201	202	203	204	205	206	207	208	209	210
211	212	213	214	215	216	217	218	219	220
221	222	223	224	225	226	227	228	229	230
231	232	233	234	235	236	237	238	239	240
241	242	243	244	245	246	247	248	249	250
251	252	253	254	255	256	257	258	259	260
261	262	263	264	265	266	267	268	269	270
271	272	273	274	275	276	277	278	279	280
281	282	283	284	285	286	287	288	289	290
291	292	293	294	295	296	297	298	299	300

15
30
45
60
75
90
105
120
135
150
165
.
.
.

$\square \times 15 = 300$

$300 \div 15 = \square$

¿Cuántos estudiantes contaron hasta llegar a 300?
¿Cómo lo sabes?

Factores y múltiplos

Fíjate en esta lista de ecuaciones:

$$4 \times 4 = 16$$
$$5 \times 4 = 20$$
$$6 \times 4 = 24$$
$$7 \times 4 = 28$$
$$8 \times 4 = 32$$
$$9 \times 4 = 36$$

4 es un factor de 16, 20, 24, 28, 32, 36,...

4 es un factor de cualquier número entero que divida en partes iguales.

16, 20, 24, 28, 32 y 36 son algunos múltiplos de 4.

Si multiplicas 4 por cualquier número obtendrás un múltiplo de 4.

Las matrices pueden ser usadas para representar factores y múltiplos.

32 es un múltiplo de 4 y 4 es un factor de 32. Puedes usar exactamente 32 fichas cuadradas para formar un rectángulo en el que una de las dimensiones sea 4.

30 *no* es un múltiplo de 4 y 4 *no* es un factor de 30. No puedes usar exactamente 30 fichas cuadradas para formar un rectángulo en el que una de las dimensiones sea 4.

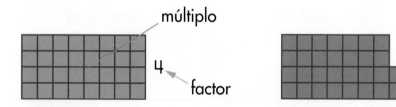

múltiplo

4

factor

¿Es 4 un factor de 48? ¿Es 21 un múltiplo de 4?

Números primos

Los números primos tienen exactamente dos factores:
1 y el número mismo.

23 es un número primo. Los únicos factores de 23 son 1 y 23.
Con 23 fichas cuadradas sólo se puede formar un rectángulo.

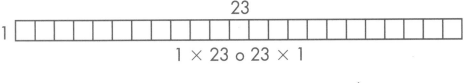

23

1

1×23 o 23×1

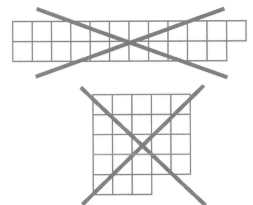
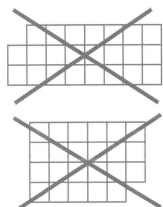

Los números que tienen más de 2 factores se llaman números compuestos.

12 es un número compuesto. Hay varios pares de números enteros
que pueden ser multiplicados para obtener 12.

$$1 \times 12 = 12$$
$$2 \times 6 = 12$$
$$3 \times 4 = 12$$
$$4 \times 3 = 12$$
$$6 \times 2 = 12$$
$$12 \times 1 = 12$$

El número 1 tiene sólo un factor. No es ni un número primo ni
un número compuesto.

Halla todos los números primos hasta 50.

Cuadrados de números

Palabras de matemáticas

• **cuadrado de un número**

El cuadrado de un número puede ser representado por una matriz cuadrada.

El cuadrado de un número se obtiene multiplicando el número por sí mismo.

9 es el cuadrado de un número. Con nueve fichas cuadradas se puede formar una matriz cuadrada.

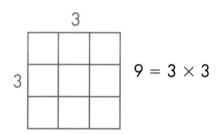

$9 = 3 \times 3$

1, 4, 9, 16 y 25 son los cuadrados de números.

$$\begin{array}{ccccc} 1 & 2 & 3 & 4 & 5 \\ \times\,1 & \times\,2 & \times\,3 & \times\,4 & \times\,5 \\ \hline 1 & 4 & 9 & 16 & 25 \end{array}$$

400 es el cuadrado de 20, ya que $20 \times 20 = 400$.

20

20 | 400

Haz una lista de todos los cuadrados de números hasta el 100.

Combinaciones de multiplicación (página 1 de 6)

Este año, uno de los objetivos de la clase de matemáticas es aprender todas las combinaciones de multiplicación hasta 12×12.

1 x 1	1 x 2	1 x 3	1 x 4	1 x 5	1 x 6	1 x 7	1 x 8	1 x 9	1 x 10	1 x 11	1 x 12
2 x 1	2 x 2	2 x 3	2 x 4	2 x 5	2 x 6	2 x 7	2 x 8	2 x 9	2 x 10	2 x 11	2 x 12
3 x 1	3 x 2	3 x 3	3 x 4	3 x 5	3 x 6	3 x 7	3 x 8	3 x 9	3 x 10	3 x 11	3 x 12
4 x 1	4 x 2	4 x 3	4 x 4	4 x 5	4 x 6	4 x 7	4 x 8	4 x 9	4 x 10	4 x 11	4 x 12
5 x 1	5 x 2	5 x 3	5 x 4	5 x 5	5 x 6	5 x 7	5 x 8	5 x 9	5 x 10	5 x 11	5 x 12
6 x 1	6 x 2	6 x 3	6 x 4	6 x 5	6 x 6	6 x 7	6 x 8	6 x 9	6 x 10	6 x 11	6 x 12
7 x 1	7 x 2	7 x 3	7 x 4	7 x 5	7 x 6	7 x 7	7 x 8	7 x 9	7 x 10	7 x 11	7 x 12
8 x 1	8 x 2	8 x 3	8 x 4	8 x 5	8 x 6	8 x 7	8 x 8	8 x 9	8 x 10	8 x 11	8 x 12
9 x 1	9 x 2	9 x 3	9 x 4	9 x 5	9 x 6	9 x 7	9 x 8	9 x 9	9 x 10	9 x 11	9 x 12
10 x 1	10 x 2	10 x 3	10 x 4	10 x 5	10 x 6	10 x 7	10 x 8	10 x 9	10 x 10	10 x 11	10 x 12
11 x 1	11 x 2	11 x 3	11 x 4	11 x 5	11 x 6	11 x 7	11 x 8	11 x 9	11 x 10	11 x 11	11 x 12
12 x 1	12 x 2	12 x 3	12 x 4	12 x 5	12 x 6	12 x 7	12 x 8	12 x 9	12 x 10	12 x 11	12 x 12

En esta tabla hay 144 combinaciones de multiplicación. Tal vez pienses que recordarlas todas sea difícil. (Recuerda que el año pasado aprendiste todas las que tienen un producto hasta 50.) En las siguientes páginas encontrarás algunas sugerencias que te ayudarán a aprenderte muchas de ellas.

Mientras practicas estas combinaciones de multiplicación, haz dos listas como las que se muestran.

Combinaciones que ya conozco	Combinaciones que estoy aprendiendo

Combinaciones de multiplicación (página 2 de 6)

Aprender dos combinaciones a la vez

Para ayudarte a aprender combinaciones de multiplicación, piensa en dos combinaciones a la vez, como 8×3 y 3×8.

Estos dos problemas parecen diferentes, pero tienen la misma respuesta:

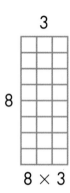

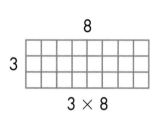

Si sabes que $8 \times 3 = 24$, también sabes que $3 \times 8 = 24$.

¡Has aprendido dos combinaciones de multiplicación!

Al "invertir" las combinaciones y aprenderlas de dos en dos, la tabla de combinaciones de multiplicación se reduce de 144 a 78.

1 x 1	1 x 2	1 x 3	1 x 4	1 x 5	1 x 6	1 x 7	1 x 8	1 x 9	1 x 10	1 x 11	1 x 12
2 x 1 1 x 2	2 x 2	2 x 3	2 x 4	2 x 5	2 x 6	2 x 7	2 x 8	2 x 9	2 x 10	2 x 11	2 x 12
3 x 1 1 x 3	3 x 2 2 x 3	3 x 3	3 x 4	3 x 5	3 x 6	3 x 7	3 x 8	3 x 9	3 x 10	3 x 11	3 x 12
4 x 1 1 x 4	4 x 2 2 x 4	4 x 3 3 x 4	4 x 4	4 x 5	4 x 6	4 x 7	4 x 8	4 x 9	4 x 10	4 x 11	4 x 12
5 x 1 1 x 5	5 x 2 2 x 5	5 x 3 3 x 5	5 x 4 4 x 5	5 x 5	5 x 6	5 x 7	5 x 8	5 x 9	5 x 10	5 x 11	5 x 12
6 x 1 1 x 6	6 x 2 2 x 6	6 x 3 3 x 6	6 x 4 4 x 6	6 x 5 5 x 6	6 x 6	6 x 7	6 x 8	6 x 9	6 x 10	6 x 11	6 x 12
7 x 1 1 x 7	7 x 2 2 x 7	7 x 3 3 x 7	7 x 4 4 x 7	7 x 5 5 x 7	7 x 6 6 x 7	7 x 7	7 x 8	7 x 9	7 x 10	7 x 11	7 x 12
8 x 1 1 x 8	8 x 2 2 x 8	8 x 3 3 x 8	8 x 4 4 x 8	8 x 5 5 x 8	8 x 6 6 x 8	8 x 7 7 x 8	8 x 8	8 x 9	8 x 10	8 x 11	8 x 12
9 x 1 1 x 9	9 x 2 2 x 9	9 x 3 3 x 9	9 x 4 4 x 9	9 x 5 5 x 9	9 x 6 6 x 9	9 x 7 7 x 9	9 x 8 8 x 9	9 x 9	9 x 10	9 x 11	9 x 12
10 x 1 1 x 10	10 x 2 2 x 10	10 x 3 3 x 10	10 x 4 4 x 10	10 x 5 5 x 10	10 x 6 6 x 10	10 x 7 7 x 10	10 x 8 8 x 10	10 x 9 9 x 10	10 x 10	10 x 11	10 x 12
11 x 1 1 x 11	11 x 2 2 x 11	11 x 3 3 x 11	11 x 4 4 x 11	11 x 5 5 x 11	11 x 6 6 x 11	11 x 7 7 x 11	11 x 8 8 x 11	11 x 9 9 x 11	11 x 10 10 x 11	11 x 11	11 x 12
12 x 1 1 x 12	12 x 2 2 x 12	12 x 3 3 x 12	12 x 4 4 x 12	12 x 5 5 x 12	12 x 6 6 x 12	12 x 7 7 x 12	12 x 8 8 x 12	12 x 9 9 x 12	12 x 10 10 x 12	12 x 11 11 x 12	12 x 12

Combinaciones de multiplicación (página 3 de 6)

Una manera útil de aprender las combinaciones de multiplicación es pensar en una categoría a la vez. A continuación se muestran algunas categorías que tal vez hayas visto antes. Probablemente ya conoces muchas de estas combinaciones.

Aprender las combinaciones ×1

Puedes pensar en un solo grupo.

1 grupo de 9 es igual a 9.

$\rightarrow$ $1 \times 9 = 9$

También puedes pensar en varios grupos de 1.

6 grupos de 1 es igual a 6.

$\rightarrow$ $6 \times 1 = 6$

Aprender las combinaciones ×2

Multiplicar por 2 es lo mismo que duplicarlo.

$\rightarrow$ $8 + 8 = 16$

$\rightarrow$ $2 \times 8 = 16$

Aprender las combinaciones ×10 y ×5

Puedes aprender estas combinaciones contando de 10 en 10 y de 5 en 5.

10, 20, 30, 40, 50, 60 $\rightarrow$ $6 \times 10 = 60$

5, 10, 15, 20, 25, 30 $\rightarrow$ $6 \times 5 = 30$

Otra manera de hallar una combinación ×5 es recordando que es la mitad de una combinación ×10.

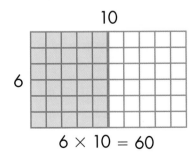

$6 \times 10 = 60$

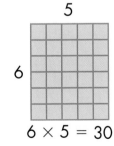

$6 \times 5 = 30$

6×5 (o 30) es la mitad de 6×10 (o 60).

Combinaciones de multiplicación (página 4 de 6)

Aquí hay otras categorías para ayudarte a aprender las combinaciones de multiplicación.

Aprender las combinaciones ×11

Muchos estudiantes aprenden estas combinaciones observando el patrón de dobles dígitos que crean.

$$\begin{array}{ccccc} 11 & 11 & 11 & 11 & 11 \\ \underline{\times 3} & \underline{\times 4} & \underline{\times 5} & \underline{\times 6} & \underline{\times 7} \\ 33 & 44 & 55 & 66 & 77 \end{array}$$

Aprender las combinaciones ×12

Muchos estudiantes multiplican por 12 descomponiendo el 12 en 10 y en 2.

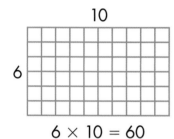

10

6

$6 \times 10 = 60$

2

6

$6 \times 2 = 12$

$6 \times 12 = (6 \times 10) + (6 \times 2)$

$6 \times 12 = 60 + 12$

$6 \times 12 = 72$

Aprender los cuadrados de números

Muchos estudiantes recuerdan las combinaciones de cuadrados de números formando los cuadrados con fichas cuadradas o dibujándolos en papel cuadriculado.

$$\begin{array}{c} 3 \\ \underline{\times 3} \\ 9 \end{array} \qquad \begin{array}{c} 4 \\ \underline{\times 4} \\ 16 \end{array} \qquad \begin{array}{c} 5 \\ \underline{\times 5} \\ 25 \end{array} \qquad \begin{array}{c} 6 \\ \underline{\times 6} \\ 36 \end{array}$$

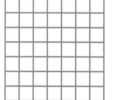

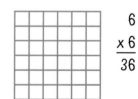

$$\begin{array}{c} 7 \\ \underline{\times 7} \\ 49 \end{array} \qquad \begin{array}{c} 8 \\ \underline{\times 8} \\ 64 \end{array} \qquad \begin{array}{c} 9 \\ \underline{\times 9} \\ 81 \end{array}$$

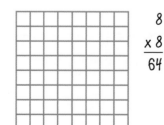
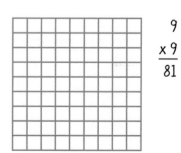

Combinaciones de multiplicación (página 5 de 6)

Después de haber usado todas estas categorías para practicar combinaciones de multiplicación, sólo te quedarán unas pocas más por aprender.

1 x 1	1 x 2	1 x 3	1 x 4	1 x 5	1 x 6	1 x 7	1 x 8	1 x 9	1 x 10	1 x 11	1 x 12
2 x 1	2 x 2	2 x 3	2 x 4	2 x 5	2 x 6	2 x 7	2 x 8	2 x 9	2 x 10	2 x 11	2 x 12
3 x 1	3 x 2	3 x 3	3 x 4	3 x 5	3 x 6	3 x 7	3 x 8	3 x 9	3 x 10	3 x 11	3 x 12
4 x 1	4 x 2	4 x 3 3 x 4	4 x 4	4 x 5	4 x 6	4 x 7	4 x 8	4 x 9	4 x 10	4 x 11	4 x 12
5 x 1	5 x 2	5 x 3	5 x 4	5 x 5	5 x 6	5 x 7	5 x 8	5 x 9	5 x 10	5 x 11	5 x 12
6 x 1	6 x 2	6 x 3 3 x 6	6 x 4 4 x 6	6 x 5	6 x 6	6 x 7	6 x 8	6 x 9	6 x 10	6 x 11	6 x 12
7 x 1	7 x 2	7 x 3 3 x 7	7 x 4 4 x 7	7 x 5	7 x 6 6 x 7	7 x 7	7 x 8	7 x 9	7 x 10	7 x 11	7 x 12
8 x 1	8 x 2	8 x 3 3 x 8	8 x 4 4 x 8	8 x 5	8 x 6 6 x 8	8 x 7 7 x 8	8 x 8	8 x 9	8 x 10	8 x 11	8 x 12
9 x 1	9 x 2	9 x 3 3 x 9	9 x 4 4 x 9	9 x 5	9 x 6 6 x 9	9 x 7 7 x 9	9 x 8 8 x 9	9 x 9	9 x 10	9 x 11	9 x 12
10 x 1	10 x 2	10 x 3	10 x 4	10 x 5	10 x 6	10 x 7	10 x 8	10 x 9	10 x 10	10 x 11	10 x 12
11 x 1	11 x 2	11 x 3	11 x 4	11 x 5	11 x 6	11 x 7	11 x 8	11 x 9	11 x 10	11 x 11	11 x 12
12 x 1	12 x 2	12 x 3	12 x 4	12 x 5	12 x 6	12 x 7	12 x 8	12 x 9	12 x 10	12 x 11	12 x 12

Mientras practicas todas las combinaciones de multiplicación, habrá algunas que "ya conoces" y otras que "estás aprendiendo".

Una manera de practicar una combinación que te resulte difícil recordar es hacer una tarjeta de pistas de multiplicación. Piensa en una combinación que ya conozcas como ayuda para aprender una combinación más difícil.

Luego, haz tus propias tarjetas de pistas de multiplicación con las combinaciones que te resulten difíciles.

En la próxima página encontrarás ejemplos de tarjetas de pistas de multiplicación que los estudiantes hicieron como ayuda para aprender 8 × 7 y 7 × 8.

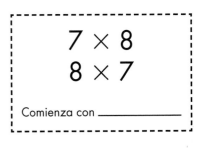

7×8

8×7

Comienza con _____

Combinaciones de multiplicación (página 6 de 6)

Como muchos estudiantes de cuarto grado, estos estudiantes también piensan que 7×8 es una combinación de multiplicación difícil de aprender. Cada uno de estos estudiantes tiene una estrategia diferente para resolver 7×8. Cada uno usa una combinación de multiplicación que ya conoce como ayuda para resolver 7×8.

Neomi: *Multiplicaría 7×7 y luego sumaría 7.*

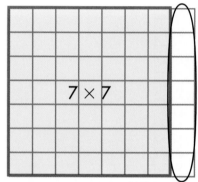

$$\begin{array}{r} 49 \\ + \; 7 \\ \hline 56 \end{array}$$

$$7 \times 8$$
$$8 \times 7$$

Comienza con ___7 x 7___

Neomi

Alejandro: *Duplicaría una matriz de 7 por 4 para resolver 7×8.*

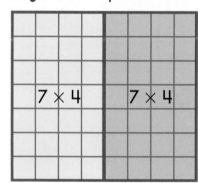

$$\begin{array}{r} 7 \\ \times \; 4 \\ \hline 28 \end{array}$$

$20 + 20 + 8 + 8 = 56$

$40 \quad + \quad 16 \;\; = 56$

$$7 \times 8$$
$$8 \times 7$$

Comienza con ___7 x 4___

Alejandro

Ramona: *Pienso en el problema como siete ochos.*
Empezaría multiplicando 5×8 y luego contaría de 8 en 8.

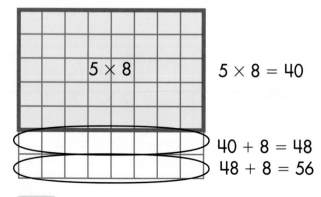

$5 \times 8 = 40$

$40 + 8 = 48$
$48 + 8 = 56$

$$7 \times 8$$
$$8 \times 7$$

Comienza con ___5 x 8___

Ramona

Combinaciones de multiplicación y problemas relacionados de división

Piensa en las combinaciones de multiplicación que ya conoces cuando resuelvas problemas relacionados de división. Puedes revisar las combinaciones de multiplicación de las páginas 29–34.

$\underline{4} \times 6 = 24$

$24 \div 6 = \underline{}$ Piensa $24 \div 6 = \underline{4}$

$\underline{8} \times 7 = 56$

$56 \div 7 = \underline{}$ Piensa $56 \div 7 = \underline{8}$

$\underline{7} \times 9 = 63$

$63 \div 9 = \underline{}$ Piensa $63 \div 9 = \underline{7}$

$\underline{6} \times 12 = 72$

$72 \div 12 = \underline{}$ Piensa $72 \div 12 = \underline{6}$

¿Qué combinación de multiplicación podría ayudarte a resolver este problema? $45 \div 5 = \underline{}$

Torres de múltiplos

Cuando cuentas salteado por un cierto número, hallas múltiplos de ese número.

La clase de Tonya hizo una columna de múltiplos del número 16. Anotaron los múltiplos de 16 en una tira de papel empezando desde abajo.

Encerraron en un círculo todos los décimos múltiplos de 16 y los usaron como múltiplos de referencia para resolver los siguientes problemas.

$\underline{21}$ x 16 = 336

La solución de Tonya
> *Sabemos que 20 × 16 = 320. Como 336 es el siguiente número de la torre después del 320, es un 16 más.*

30 x 16 = $\underline{480}$

La solución de Venetta
> *30 × 16 sería el siguiente múltiplo de referencia en nuestra torre. Como 3 × 16 = 48, 30 × 16 = 48 × 10.*

208 ÷ 16 = $\underline{13}$

La solución de Nadeem
> *Avanzando 10 veces de 16 en 16 llegamos a 160. Si avanzamos 16 tres veces más, llegaremos a 208.*

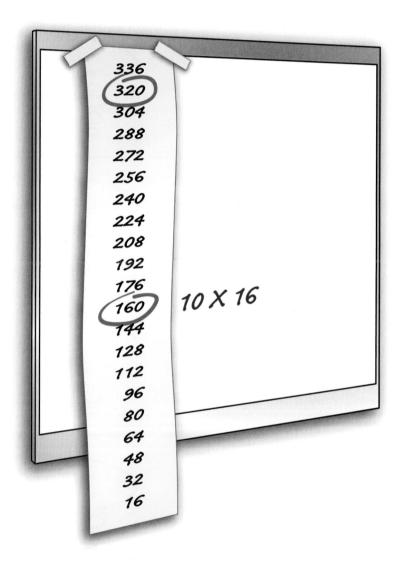

336
320
304
288
272
256
240
224
208
192
176
160
144
128
112
96
80
64
48
32
16

10 X 16

¿Cómo usarías esta columna de múltiplos para resolver este problema?
11 × 16 = _____

Multiplicar grupos de 10

(página 1 de 2)

Cada uno de estos modelos ayuda a mostrar la relación que existe entre estas dos ecuaciones de multiplicación:

$$3 \times 4 = 12$$

$$3 \times 40 = 120$$

Cubos

  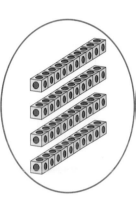 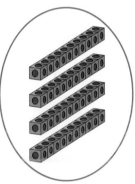

3 grupos de 4 cubos   3 grupos de 40 cubos

Matrices

4

3   40

3

una matriz
de 3 por 4   una matriz de 3 por 40

Patrones de conteo salteado

Este patrón de múltiplos aumenta de 4 en 4.

Múltiplos de 4:   4   8   (12)   16   20   24   28   32   36   40 ...

Este patrón de múltiplos aumenta de 4 decenas en 4 decenas.

Múltiplos de 40:   40   80   (120)   160   200   240   280   320   360   400 ...

Multiplicar grupos de 10

(página 2 de 2)

Observa la relación que existe entre estas tres ecuaciones:

$$3 \times 4 = 12$$
$$3 \times 40 = 120$$
$$30 \times 40 = 1{,}200$$

$3 \times 4 = 12$	$3 \times 4 = 12$
$3 \times 40 = 120$	$(3 \times 4) \times 10 = 12 \times 10$
$30 \times 40 = 1{,}200$	$(3 \times 4) \times (10 \times 10) = 12 \times 100$

Resuelve estos problemas relacionados:

$5 \times 7 = $ _____ $5 \times 70 = $ _____ $50 \times 70 = $ _____

Grupos de problemas de multiplicación

Los grupos de problemas de multiplicación son conjuntos de problemas de multiplicación que te ayudan a usar lo que ya sabes sobre problemas más fáciles para resolver problemas más difíciles.

1. Resuelve los problemas de cada grupo.

2. Usa uno o más de los problemas del grupo para resolver el problema final, así como otros problemas si hace falta.

Resuelve estos grupos de problemas. $2 \times 3 = \underline{6}$ $5 \times 3 = \underline{15}$ $50 \times 3 = \underline{150}$ Ahora resuelve este problema. $52 \times 3 = \underline{\textbf{156}}$	¿Cómo resolviste el problema final? *Multipliqué 50 por 3, luego 2 por 3 y luego sumé los resultados.* $50 \times 3 = 150$ $2 \times 3 = \underline{\quad 6 \quad}$ $\textbf{156}$
Resuelve estos grupos de problemas. $4 \times 8 = \underline{32}$ $20 \times 8 = \underline{160}$ $25 \times 4 = \underline{100}$ Ahora resuelve este problema. $24 \times 8 = \underline{\textbf{192}}$	¿Cómo resolviste el problema final? *Sé que $25 \times 4 = 100$.* *Por tanto, sé que $25 \times 8 = 200$ porque es el doble.* *Tengo que restar 8 porque el resultado final es 24×8.* $200 - 8 = \textbf{192}$

Estrategias para resolver problemas de multiplicación

(página 1 de 4)

Descomponer números

En cuarto grado estás aprendiendo a resolver problemas de multiplicación con un factor de 2 dígitos. En los ejemplos de esta página y de la página 41, los estudiantes descomponen un problema de multiplicación de números grandes en partes más pequeñas para hacerlo más fácil de resolver.

Steve y Kimberly resolvieron el problema 28×4 descomponiendo el factor 28 en partes. Observa que los dos estudiantes descompusieron el número 28 de dos maneras diferentes.

La solución de Steve

$28 = 20 + 8$ *Descompuse 28 en 20 y 8.*

$20 \times 4 = 80$ *Usé el 20 y multipliqué 20×4.*
Sé que $20 \times 2 = 40$ y que $40 + 40 = 80$.

$8 \times 4 = 32$ *Luego, tenía que multiplicar 8×4.*
Conozco esa combinación de multiplicación.

$80 + 32 = \mathbf{112}$ *Como último paso sumé 80 y 32.*

La solución de Kimberly

$28 = 25 + 3$ *Descompuse 28 en 25 y 3.*

$25 \times 4 = 100$ *Usé el 25 y multipliqué 25×4.*
Sé que $25 \times 4 = 100$ porque 4 monedas de 25¢
equivalen a $1.00.

$3 \times 4 = 12$ *Luego, tenía que multiplicar 3×4.*
Conozco esa combinación de multiplicación.

$100 + 12 = \mathbf{112}$ *Como último paso sumé 100 y 12.*

Estrategias para resolver problemas de multiplicación

(página 2 de 4)

Richard resolvió el problema 38×26 descomponiendo ambos factores.

En el auditorio hay 38 filas y 26 sillas en cada fila. ¿Cuántas personas se pueden sentar en el auditorio?

La solución de Richard

¿Cuántas personas hay en las primeras 30 filas?

$30 \times 20 = 600$ *En estas primeras 30 filas hay 20 personas en cada fila.*

$30 \times 6 = 180$ *Como aquí hay 6 personas más en cada una de las 30 filas, ya he ocupado 30 filas.*

¿Cuántas personas hay en las últimas 8 filas?

$8 \times 20 = 160$ *En estas últimas 8 filas hay 20 personas en cada fila.*

$8 \times 6 = 48$ *Ahora he ocupado las últimas 8 filas con 6 personas más en cada fila.*

¿Cuántas personas se pueden sentar en el auditorio?

$600 + 180 + 160 + 48 = \textbf{988}$

En el auditorio se pueden sentar 988 personas.

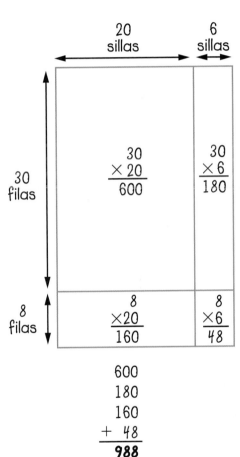

Estrategias para resolver problemas de multiplicación

(página 3 de 4)

Cambiar un número para hacer el problema más fácil

Otra manera de resolver problemas de multiplicación es cambiar un número para hacer que el problema sea más fácil de resolver. Amelia resolvió el problema del auditorio, 38×26, cambiando el 38 por 40 para crear un problema más sencillo.

La solución de Amelia

Voy a imaginar que en el auditorio hay 40 filas en vez de 38.

¿Cuántas personas se pueden sentar en 40 filas?

$40 \times 26 = 1,040$ *Sé que $10 \times 26 = 260$. Dupliqué ese número y obtuve 520 y lo dupliqué de nuevo y obtuve 1,040.*

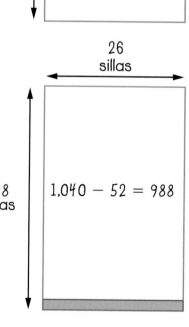

Por tanto, si hubiera 40 filas, 1,040 personas se podrían sentar en el auditorio. Pero como en realidad sólo hay 38 filas, sobran 2 filas de 26 sillas cada una que tengo que restar del total.

$2 \times 26 = 52$ *Tengo que restar 52. Lo haré en dos partes.*

$1,040 - 40 = 1,000$ *Primero restaré 40.*

$1,000 - 12 = \mathbf{988}$ *Luego, restaré 12.*

Por tanto, en el auditorio se pueden sentar **988** *personas.*

Estrategias para resolver problemas de multiplicación

(página 4 de 4)

Crear un problema equivalente

Una manera de crear un problema equivalente que sea más fácil de resolver es "duplicando y dividiendo en mitades" los factores. Abdul resolvió el problema de multiplicación 6×35 "duplicando y dividiendo en mitades" los factores para crear el problema equivalente 70×3.

La solución de Abdul

$$35 \longrightarrow 70$$
$$\times 6 \longrightarrow \times 3$$
$$\underline{}$$
$$210$$

Dupliqué 35 y obtuve 70 y tomé la mitad de 6 y obtuve 3.
Mi gráfica muestra que 6 × 35 = 3 × 70.
Para mí, 3 × 70 es un problema más fácil de resolver.

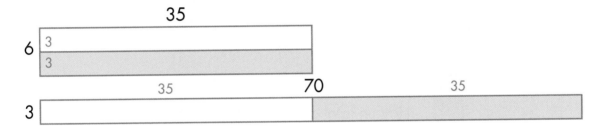

LaTanya resolvió el problema de multiplicación 4×36 "triplicando y dividiendo en tercios" los factores para crear un problema equivalente.

La solución de LaTanya

$$4 \times 36 =$$
$$\downarrow \qquad \downarrow$$
$$12 \times 12 = 144$$

Tripliqué 4 y obtuve 12. (4 × 3 = 12)
Tomé un tercio de 36 y obtuve 12. (36 ÷ 3 = 12)
Mi gráfica muestra que 4 × 36 = 12 × 12.
Para mí, 12 × 12 es un problema más fácil de resolver.

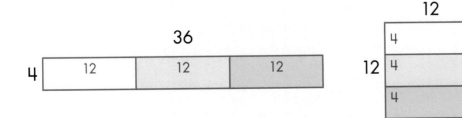

División

Usa la división cuando quieras separar un total en grupos del mismo tamaño.

La Sra. Santos tiene una tienda de recuerdos. Tiene 36 botellas de agua que quiere ordenar en 4 estantes. ¿Cuántas botellas de agua habrá en cada estante si en cada estante cabe la misma cantidad de botellas?

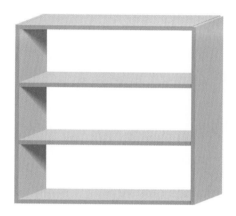

BOTELLAS DE AGUA
(CANTIDAD: 36)

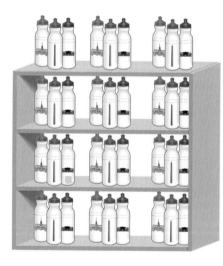

Hay un total de 36 botellas.

Hay cuatro estantes.

La Sra. Santos puede exhibir 9 botellas de agua en cada estante.

$$36 \div 4 = 9$$

cantidad total de botellas de agua   número de estantes   cantidad de botellas de agua en cada estante

División y multiplicación

La división y la multiplicación son operaciones relacionadas con grupos del mismo tamaño.

× Usa la multiplicación cuando quieras combinar grupos del mismo tamaño.

Cantidad de grupos	Tamaño del grupo	Cantidad total en todos los grupos	Ecuación
22 equipos	18 jugadores en cada equipo	desconocida	$22 \times 18 = \underline{\textbf{396}}$

Hay 22 equipos de futbol juvenil en nuestro pueblo y en cada equipo hay 18 jugadores. ¿Cuántos jugadores en total hay en los 22 equipos?

Respuesta: En total hay **396** jugadores.

÷ Usa la división cuando quieras separar una cantidad en grupos del mismo tamaño.

Cantidad de grupos	Tamaño del grupo	Cantidad total en todos los grupos	Ecuación
22 equipos	desconocido	396 jugadores	$396 \div 22 = \underline{\textbf{18}}$

Hay 22 equipos de futbol en nuestro pueblo y un total de 396 jugadores en los 22 equipos. ¿Cuántos jugadores hay en cada equipo?

Respuesta: En cada equipo hay **18** jugadores.

Cantidad de grupos	Tamaño del grupo	Cantidad total en todos los grupos	Ecuación
desconocida	18 jugadores en cada equipo	396 jugadores	$396 \div 18 = \underline{\textbf{22}}$

Hay 396 jugadores de futbol en nuestro pueblo y en cada equipo hay 18 jugadores. ¿Cuántos equipos hay?

Respuesta: Hay **22** equipos.

Problemas de división

Mira esta expresión de división: 28 ÷ 7.

Hay dos diferentes tipos de problemas-cuento de división en los que podemos pensar.

El primer tipo es un problema de repartir.

Hay 28 canicas que 7 amigos quieren repartirse equitativamente. ¿Cuántas canicas recibirá cada amigo?

Cada amigo recibirá 4 canicas.

El segundo tipo es un problema de agrupación.

Hay 28 canicas. En cada bolsa caben 7 canicas. ¿Cuántas bolsas puedo llenar?

Puedo llenar 4 bolsas.

Se pueden usar signos diferentes para representar 28 dividido por 7.

$$28 \div 7 \qquad 7\overline{)28} \qquad \frac{28}{7} \qquad 7 \times \underline{\ ?\ } = 28$$

Escribe un cuento sobre 18 ÷ 3.

Residuos

Palabras de matemáticas

• **residuo**

En algunos problemas de división los números no se dividen en partes iguales.

Mira este problema: $45 \div 6$.

Mi maestra tiene 45 lápices que quiere atar en grupos de 6.

Este problema tiene un residuo.

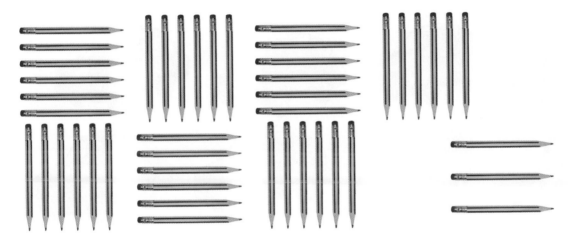

Mi maestra puede hacer 7 grupos de 6 y le sobran 3 lápices.

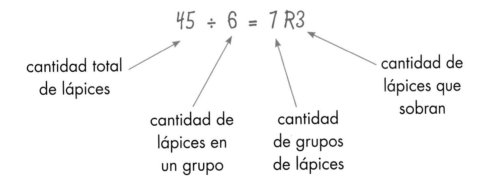

$$45 \div 6 = 7\ R3$$

cantidad total de lápices

cantidad de lápices en un grupo

cantidad de grupos de lápices

cantidad de lápices que sobran

Steve tiene 22 manzanas. En cada bolsa caben 4 manzanas. ¿Cuántas bolsas puede llenar?

Residuos: ¿qué hacer con lo que sobra? (página 1 de 2)

En estas dos páginas se muestran distintos problemas-cuento para resolver el problema de división 30 ÷ 4 = 7 R2. Aunque dividas los mismos números, cada problema tiene una respuesta diferente.

30 personas quieren hacer un viaje en carro. En cada carro caben 4 personas. ¿Cuántos carros necesitan?

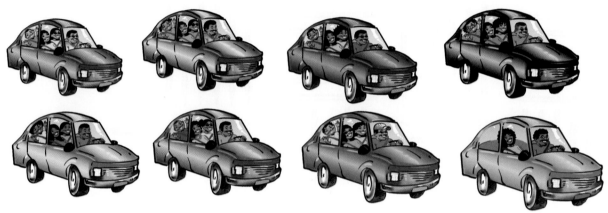

En 7 carros caben 28 personas, pero 2 personas más quieren viajar. Para que puedan viajar todos, necesitan 1 carro más.

Respuesta: Necesitan **8** carros.

Hay 30 lápices y 4 estudiantes. El maestro quiere darle el mismo número de lápices a cada estudiante. ¿Cuántos lápices recibirá cada estudiante?

Como no tiene sentido darle medio lápiz más a cada estudiante, el maestro se quedará con los 2 lápices que sobran.

Respuesta: Cada estudiante recibirá **7** lápices.

Residuos: ¿qué hacer con lo que sobra? (página 2 de 2)

Cuatro amigos ganaron $30 lavando carros y quieren repartirse el dinero equitativamente. ¿Cuánto dinero recibirá cada amigo?

Un dólar puede ser dividido en cantidades más pequeñas. Cada amigo recibirá $7 y los $2 que sobran los repartirán equitativamente para que cada uno reciba 50¢ más.

Respuesta: Cada amigo recibirá **$7.50**.

Cuatro personas quieren compartir 30 galletas saladas equitativamente. ¿Cuántas galletas recibirá cada persona?

 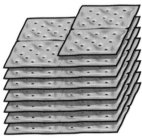 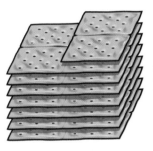 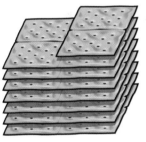

Cada persona recibirá 7 galletas saladas. Cada una de las 2 galletas que sobran puede ser partida en dos mitades para que cada persona reciba media galleta más.

Respuesta: Cada persona recibirá $7\frac{1}{2}$ galletas saladas.

¿Qué pasaría si los mismos problemas tuvieran estos números? 186 ÷ 12 = 15 R6 Escribe los nuevos problemas. Luego, di qué harías con los sobrantes.

Estrategias de división (página 1 de 3)

En cuarto grado estás aprendiendo a resolver problemas de división eficazmente.

$$156 \div 13$$

Hay 156 estudiantes.

¿Cuántos equipos de 13 pueden formar los estudiantes?

Jake resolvió este problema multiplicando grupos de 13 hasta llegar a 156.

La solución de Jake

$10 \times 13 = 130$ *Hay 130 estudiantes en 10 equipos de 13.*

Equipo 1	Equipo 2	Equipo 3	Equipo 4	Equipo 5
13 estudiantes	13 estudiantes	13 estudiantes	13 estudiantes	13 estudiantes

Equipo 6	Equipo 7	Equipo 8	Equipo 9	Equipo 10
13 estudiantes	13 estudiantes	13 estudiantes	13 estudiantes	13 estudiantes

$156 - 130 = 26$ *Hay 26 estudiantes más.*

$2 \times 13 = 26$ *Los 26 estudiantes adicionales pueden formar otros 2 equipos de 13.*

Equipo 11	Equipo 12
13 estudiantes	13 estudiantes

$10 + 2 = 12$ *10 equipos más 2 equipos es igual a 12 equipos.*

$12 \times 13 = 156$

$156 \div 13 = \mathbf{12}$ *Los estudiantes pueden formar 12 equipos.*

Estrategias de división (página 2 de 3)

A continuación se muestra otra solución a 156 ÷ 13. Úrsula resolvió el problema descomponiendo 156 y dividiendo las partes por 13.

La solución de Úrsula

156 = 130 + 26   *Descompuse 156 en dos partes que son más fáciles de dividir por 13.*

130 ÷ 13 = 10   *130 estudiantes pueden formar 10 equipos de 13.*

Equipo 1	Equipo 2	Equipo 3	Equipo 4	Equipo 5
13 estudiantes	13 estudiantes	13 estudiantes	13 estudiantes	13 estudiantes

Equipo 6	Equipo 7	Equipo 8	Equipo 9	Equipo 10
13 estudiantes	13 estudiantes	13 estudiantes	13 estudiantes	13 estudiantes

26 ÷ 13 = 2   *26 estudiantes pueden formar 2 equipos de 13.*

Equipo 11	Equipo 12
13 estudiantes	13 estudiantes

10 + 2 = 12   *10 equipos más 2 equipos es igual a 12 equipos.*

156 ÷ 13 = **12**   *Los estudiantes pueden formar 12 equipos.*

Estrategias de división (página 3 de 3)

Así resolvieron Emaan y Helena el siguiente problema:

$$14\overline{)240}$$

Emaan resolvió el problema descomponiendo 240 y dividiendo cada parte por 14.

La solución de Emaan

$240 = 140 + 70 + 30$

$140 \div 14 = 10$

$70 \div 14 = 5$

$\underline{30 \div 14 = 2\ R2}$

$240 \div 14 = \mathbf{17\ R2}$

Helena resolvió el problema multiplicando grupos de 14 hasta llegar a 240.

La solución de Helena

$10 \times 14 = 140$

$2 \times 14 = 28$

$2 \times 14 = 28$

$2 \times 14 = 28$

$\underline{1 \times 14 = 14}$

$17 \times 14 = 238$

$240 \div 14 = \mathbf{17\ R2}$

¿Cómo resolverías este problema? $14\overline{)240}$

Fracciones

Palabras de matemáticas
- **fracción**
- **numerador**
- **denominador**

Las fracciones son números.

Algunas fracciones, como $\frac{1}{2}$ y $\frac{3}{4}$, son menores que 1.

Algunas fracciones, como $\frac{2}{2}$ y $\frac{4}{4}$, son iguales a 1.

Algunas fracciones, como $\frac{6}{4}$ y $\frac{3}{2}$, son mayores que 1.

Notación fraccionaria

$$\frac{3}{4}$$

tres cuartos

El denominador es la cantidad total de partes iguales.

El numerador es la cantidad de partes iguales del total.

Un tercio de la bandera de Austria es blanco.

La bandera entera tiene tres partes, o rayas, iguales.

$$\frac{1}{3}$$

Una raya es blanca.

1 de las 3 partes iguales es blanca.

Cuatro doceavos de estas canicas son azules.

Hay 12 canicas en el grupo completo.

$$\frac{4}{12}$$

Cuatro de las canicas son azules.

4 de las 12 partes iguales son azules.

¿Qué fracción de la bandera es roja?

¿Qué fracción de las canicas es verde?

Fracciones de un área

Enrique, Helena, Amelia y Luke quieren compartir un sándwich en partes iguales. ¿Qué porción del sándwich recibirá cada uno?

Enrique cortó el sándwich en 4 porciones del mismo tamaño.

Cada amigo recibirá $\frac{1}{4}$ del sándwich.

Enrique $\frac{1}{4}$ $\frac{1}{4}$ Amelia

Helena $\frac{1}{4}$ $\frac{1}{4}$ Luke

A continuación se muestran otras maneras de cortar un sándwich en cuartos.

¿De qué otras maneras podrías cortar un sándwich en cuartos?

Fracciones de un grupo de cosas

Tres personas se repartieron equitativamente 18 manzanas. Cada persona recibió $\frac{1}{3}$ de las manzanas.

$\frac{1}{3}$ $\longrightarrow$ 1 grupo para cada persona

$\phantom{\frac{1}{3}}$ $\longrightarrow$ 3 grupos iguales

$\frac{1}{3}$ de 18 es **6.**

Hay 18 estudiantes en el club de baile. La mitad de los estudiantes son niñas.

$\frac{1}{2}$ $\longrightarrow$ 1 grupo de niñas

$\phantom{\frac{1}{2}}$ $\longrightarrow$ 2 grupos iguales

$\frac{1}{2}$ de 18 es **9.**

Tonya compró un cartón de 18 huevos. $\frac{5}{6}$ estaban rajados.

$\frac{5}{6}$ $\longrightarrow$ 5 grupos rajados

$\phantom{\frac{5}{6}}$ $\longrightarrow$ 6 grupos iguales

$\frac{5}{6}$ de 18 es **15.**

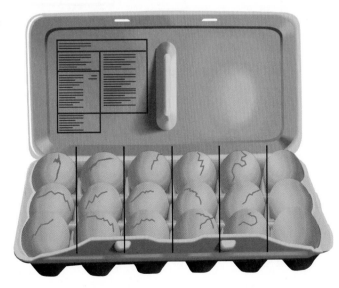

Representar partes fraccionarias

(página 1 de 2)

Cada uno de los siguientes cuadrados enteros ha sido dividido en partes iguales.

¿Qué sección es azul?
1 de las 2 partes iguales

¿Qué sección es blanca?
1 de las 2 partes iguales

$\frac{1}{2}$

un medio

$\frac{1}{2}$

un medio

¿Qué sección es azul?
1 de las 4 partes iguales

¿Qué sección es blanca?
3 de las 4 partes iguales

$\frac{1}{4}$

un cuarto

$\frac{3}{4}$

tres cuartos

¿Qué sección es azul?
1 de las 8 partes iguales

¿Qué sección es blanca?
7 de las 8 partes iguales

$\frac{1}{8}$

un octavo

$\frac{7}{8}$

siete octavos

Representar partes fraccionarias

(página 2 de 2)

¿Qué sección es azul?
1 de las 3 partes iguales

¿Qué sección es blanca?
2 de las 3 partes iguales

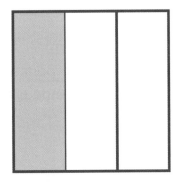

$$\frac{1}{3}$$

un tercio

$$\frac{2}{3}$$

dos tercios

¿Qué sección es azul?
1 de las 6 partes iguales

¿Qué sección es blanca?
5 de las 6 partes iguales

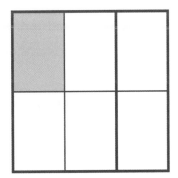

$$\frac{1}{6}$$

un sexto

$$\frac{5}{6}$$

cinco sextos

Sabrina observó todos estos diagramas.

"Es interesante que 8 sea el número de partes más grande, pero que ese cuadrado tenga las partes más pequeñas."

 ¿Qué sección está coloreada de azul?
¿Qué sección está coloreada de blanco?

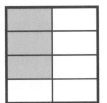

Fracciones para cantidades mayores que uno

Palabras de matemáticas

• **número mixto**

Para representar fracciones mayores que uno, necesitas más que un entero.

En este diagrama, cada entero está dividido en 6 partes iguales. Seis partes $(\frac{6}{6})$ del primer entero están sombreadas y una parte $(\frac{1}{6})$ del segundo entero está sombreada.

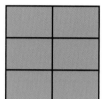 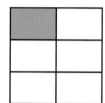 $\dfrac{7}{6} \circ 1\dfrac{1}{6}$

La cantidad total sombreada es $\frac{7}{6}$ o $1\frac{1}{6}$.

En este diagrama, dos cuadrados enteros están sombreados. Esa cantidad es igual a 2. También es igual a $\frac{8}{4}$. (Imagina que cada uno de los dos enteros sombreados está dividido en cuartos.)

El último cuadrado está dividido en cuatro partes iguales y tres partes están sombreadas. Esa cantidad es igual a $\frac{3}{4}$.

  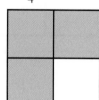 $2\dfrac{3}{4} \circ \dfrac{11}{4}$

La cantidad total sombreada es $\frac{11}{4}$ o $2\frac{3}{4}$.

Un número mixto tiene una parte entera y una parte fraccionaria.

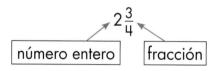

dos y tres cuartos
dos y tres cuartas partes

Muestra cómo puedes representar estas partes fraccionarias usando cuadrados.
$\dfrac{4}{3}$ $1\dfrac{3}{8}$

Fracciones equivalentes

Las fracciones diferentes que representan una misma cantidad se llaman fracciones equivalentes.

Benson usó rectángulos de 4×6 para mostrar algunas fracciones equivalentes.

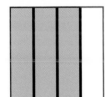 $\frac{1}{3} = \frac{2}{6}$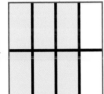

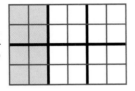 $\frac{2}{4} = \frac{1}{2}$

Dividí cada tercio por la mitad y obtuve sextos.

Combiné los cuartos y obtuve mitades.

Helena usó cuadrados enteros para mostrar otras fracciones equivalentes.

 $\frac{3}{4} = \frac{6}{8}$

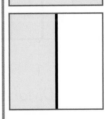 $1\frac{1}{2} = \frac{6}{4}$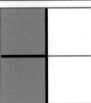

Jake usó un grupo de canicas para mostrar que $\frac{1}{6} = \frac{4}{24}$.

*Si 6 amigos se reparten equitativamente 24 canicas, cada uno recibirá **4** canicas. La parte que le corresponde a cada amigo es $\frac{1}{6}$ o $\frac{4}{24}$.*

¿Qué par de fracciones equivalentes representa la porción de cubos rojos?

Comparar fracciones

(página 1 de 2)

¿Cuál es más grande, $\frac{2}{5}$ o $\frac{5}{2}$?

Cheyenne dibujó diagramas para resolver el problema.

La solución de Cheyenne

$\frac{2}{5}$ *es menor que 1 entero.*

Dibujé $\frac{2}{5}$ dividiendo el entero en 5 partes iguales y luego coloreé 2 partes.

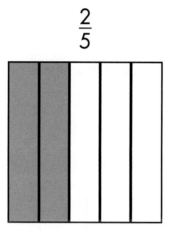

$$\frac{2}{5}$$

Necesitaba 3 enteros para dibujar $\frac{5}{2}$. Dividí cada entero por la mitad y luego coloreé 5 mitades.

$$\frac{5}{2}$$

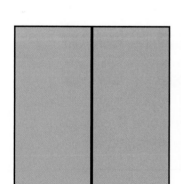 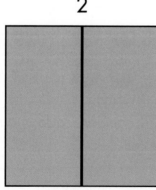 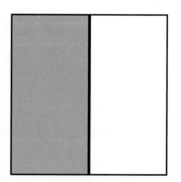

Mis diagramas muestran que $\frac{5}{2}$ es más grande que $\frac{2}{5}$.

$$\frac{5}{2} > \frac{2}{5}$$

Comparar fracciones

(página 2 de 2)

¿Cuál es más grande, $\frac{7}{8}$ o $\frac{5}{6}$?

Alejandro dibujó diagramas para resolver el problema.

La solución de Alejandro

Sombreé $\frac{7}{8}$ y $\frac{5}{6}$ en cuadrículas de 4 × 6.

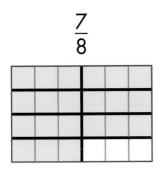

$$\frac{7}{8}$$

$$\frac{5}{6}$$

Falta $\frac{1}{8}$ para completar el entero.   *Falta $\frac{1}{6}$ para completar el entero.*

Como a $\frac{7}{8}$ le falta una parte más pequeña, $\frac{7}{8}$ es mayor que $\frac{5}{6}$. $$\frac{7}{8} > \frac{5}{6}$$

Las fracciones también pueden ser comparadas en una recta numérica.

¿Cuál es más grande, $\frac{4}{8}$ o $\frac{6}{4}$?

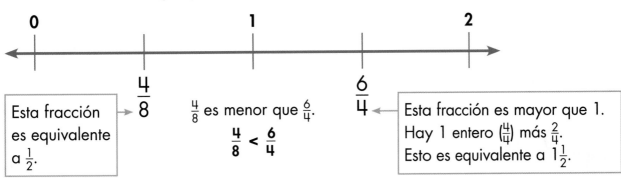

Esta fracción es equivalente a $\frac{1}{2}$.

$\frac{4}{8}$ es menor que $\frac{6}{4}$.

$$\frac{4}{8} < \frac{6}{4}$$

Esta fracción es mayor que 1. Hay 1 entero ($\frac{4}{4}$) más $\frac{2}{4}$. Esto es equivalente a $1\frac{1}{2}$.

¿Cuál es más grande, $\frac{1}{2}$ o $\frac{5}{8}$?

Suma de fracciones

Estos estudiantes usaron representaciones para resolver problemas de suma de fracciones.

Kimberly tenía 24 tarjetas de beisbol. Luego, regaló $\frac{1}{8}$ de las tarjetas a su hermana y $\frac{3}{8}$ de las tarjetas a un amigo. ¿Qué fracción de las tarjetas regaló Kimberly?

$\frac{1}{8}$ a su hermana ←

$\frac{3}{8}$ a un amigo ←

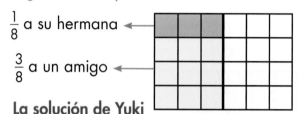

La solución de Yuki

Usé un rectángulo de 4 × 6 para resolver el problema. El rectángulo tiene 24 cuadrados, igual que la cantidad de 24 tarjetas de beisbol que tiene Kimberly. Coloreé $\frac{1}{8}$ de azul y $\frac{3}{8}$ de amarillo.

$$\frac{1}{8} + \frac{3}{8} = \frac{4}{8} \text{ o } \mathbf{\frac{1}{2}}$$

Kimberly regaló la mitad de sus tarjetas.

Adam y Jill compartieron un sándwich. Adam se comió $\frac{1}{2}$ del sándwich. Jill se comió $\frac{1}{4}$ del sándwich. ¿Qué porción total del sándwich se comieron?

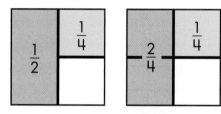

La solución de Anya

Sé que $\frac{1}{2}$ es igual a $\frac{2}{4}$, por tanto, sumé $\frac{2}{4} + \frac{1}{4}$.

$$\frac{2}{4} + \frac{1}{4} = \mathbf{\frac{3}{4}}$$

Adam y Jill se comieron $\frac{3}{4}$ del sándwich.

Completa el espacio en blanco para hacer que la ecuación sea correcta.

$$\frac{1}{3} + \frac{1}{6} + \underline{\qquad} = 1$$

La solución de Derek

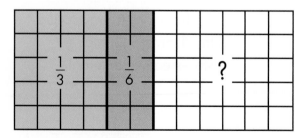

Usé un rectángulo de 5 × 12 para resolver el problema.

$\frac{1}{3}$ cubre 20 del total de 60 unidades cuadradas y $\frac{1}{6}$ cubre 10 unidades cuadradas. Quedan 30 unidades cuadradas, que forman $\frac{1}{2}$ del rectángulo. La fracción que falta es $\frac{1}{2}$.

$$\frac{1}{3} + \frac{1}{6} + \mathbf{\frac{1}{2}} = 1$$

Mitades de enteros diferentes

Steve sombreó $\frac{1}{2}$ de este rectángulo de 4×6.

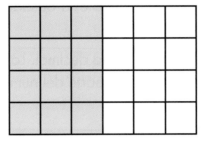

La solución de Steve

Sé que la parte sombreada es $\frac{1}{2}$ porque todo el rectángulo tiene 24 unidades cuadradas y la parte sombreada tiene 12 unidades cuadradas y $2 \times 12 = 24$.

Ramona sombreó $\frac{1}{2}$ de este rectángulo de 5×12.

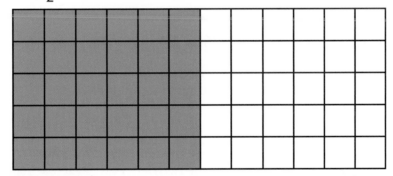

La solución de Ramona

Sé que la parte sombreada es $\frac{1}{2}$ porque dibujé una línea en el medio del rectángulo. Hay 30 cuadrados sombreados y 30 cuadrados no sombreados.

La mitad del rectángulo de 4×6 es más pequeña que la mitad del rectángulo de 5×12 porque todo el rectángulo de 4×6 es más pequeño que todo el rectángulo de 5×12.

 ¿Cuántas unidades cuadradas hay en $\frac{1}{2}$ de este cuadrado de 10×10?

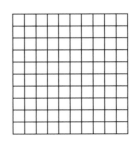

Decimales

El sistema que usamos para escribir los números se llama sistema numérico decimal. Decimal significa que el número está basado en decenas.

Algunos números, como 2.5 y 0.3, tienen un punto decimal. Los dígitos que están a la derecha del punto decimal son la parte del número que es menor que 1.

Aquí se muestran algunos ejemplos de números decimales que, como podrás darte cuenta, son menores que uno.

$0.5 = \dfrac{5}{10} = \dfrac{1}{2}$	$0.25 = \dfrac{25}{100} = \dfrac{1}{4}$

Números como 0.5 y 0.25 a veces son llamados fracciones decimales.

Algunos números decimales tienen una parte entera y una parte que es menor que uno, igual que los números mixtos:

$1.5 = 1\dfrac{5}{10} = 1\dfrac{1}{2}$	$12.75 = 12\dfrac{75}{100} = 12\dfrac{3}{4}$

Aquí se muestran algunos ejemplos de cómo usamos los números decimales en nuestra vida diaria:

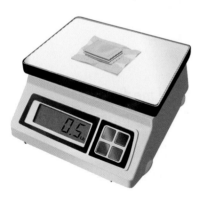

Derek compró 0.5 libras de queso.

Maratón de marzo
26.2 millas

El recorrido mide un poco más de 26 millas.

$9.75

La camiseta cuesta un poco menos de $10.

Escribe un número decimal que sea ...un poco mayor que 5.
...casi 17.
...mayor que $\dfrac{1}{2}$ y menor que 1.

Representación de decimales

Este cuadrado representa un entero. Cada uno de los siguientes cuadrados ha sido dividido en partes iguales y se indica la cantidad sombreada.

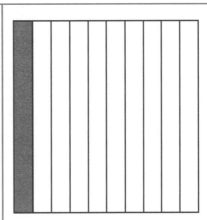

Este cuadrado está dividido en 10 partes. Una de las 10 partes está sombreada.
Sección sombreada: una décima

fracción: $\frac{1}{10}$

decimal: 0.1

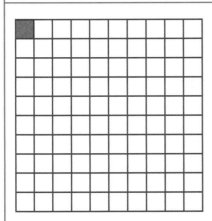

Este cuadrado está dividido en 100 partes. Una de las 100 partes está sombreada.
Sección sombreada: una centésima

fracción: $\frac{1}{100}$

decimal: 0.01

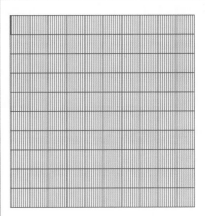

Este cuadrado está dividido en 1,000 partes. Una de las 1,000 partes está sombreada.
Sección sombreada: una milésima

fracción: $\frac{1}{1000}$

decimal: 0.001

Valor de posición en decimales

Palabras de matemáticas
• **valor de posición**
• **punto decimal**

(página 1 de 2)

Al igual que en los números enteros, el valor de un dígito cambia según la posición que ocupe en un número decimal.

posición de los millares	posición de las centenas	posición de las decenas	posición de las unidades	posición de las décimas	posición de las centésimas	posición de las milésimas

punto decimal

En estos dos ejemplos, el dígito 5 tiene valores diferentes.

0.<u>5</u>

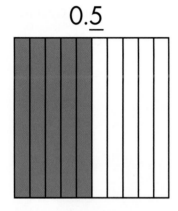

0.4<u>5</u>

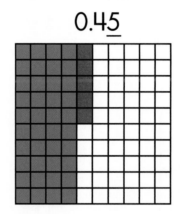

El dígito 5 en la posición de las décimas representa $\frac{5}{10}$.

El dígito 5 en la posición de las centésimas representa $\frac{5}{100}$.

¿Cuáles son los valores de los dígitos en el número 0.39?

Valor de posición en decimales

(página 2 de 2)

Mira los valores de los dígitos en este número:

2.75

dos y setenta y cinco centésimas

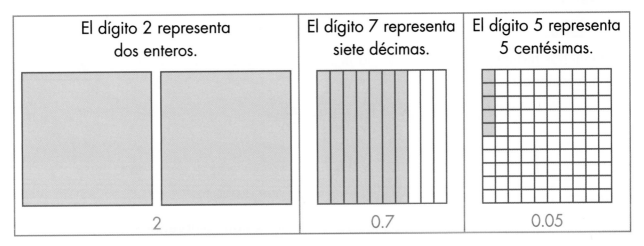

El dígito 2 representa dos enteros.	El dígito 7 representa siete décimas.	El dígito 5 representa 5 centésimas.
2	0.7	0.05

2.75 = 2 + 0.7 + 0.05

Para decimales mayores que uno, lee el número entero, di "y" cuando veas el punto decimal y luego lee el decimal.

Aquí se muestran algunos ejemplos más:

10.5 diez y cinco décimas	200.05 doscientos y cinco centésimas	17.45 diecisiete y cuarenta y cinco centésimas

¿Cómo dirías este número?
40.35
¿Cómo escribirías este número?
Trescientos cinco y cuatro décimas

Décimas y centésimas

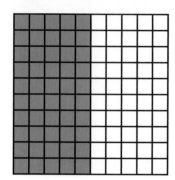

¿Cuántas décimas están sombreadas?

0.5   cinco de las 10 columnas están sombreadas.

¿Cuántas centésimas están sombreadas?

0.50   50 de los 100 cuadrados están sombreados.

Estos decimales son iguales: 0.5 = 0.50

Hay muchas maneras de representar la misma parte de un todo con decimales y con fracciones:

$$0.5 = 0.50 = \frac{1}{2} = \frac{5}{10} = \frac{50}{100}$$

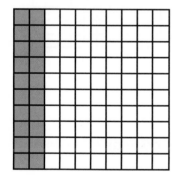

¿Cuántas décimas están sombreadas?

0.2   2 de las 10 columnas están sombreadas.

¿Cuántas centésimas están sombreadas?

0.20   20 de los 100 cuadrados están sombreados.

$$0.2 = 0.20 = \frac{2}{10} = \frac{1}{5} = \frac{20}{100}$$

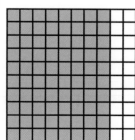

¿Cuántas décimas están sombreadas?
¿Cuántas centésimas están sombreadas?
¿Qué parte fraccionaria está sombreada?

Comparar decimales

Anna y Luke van de la casa a la escuela caminando.

Anna camina 0.35 millas.

Luke camina 0.6 millas.

¿Quién camina más?

La solución de LaTanya

Usé una recta numérica de 0 a 1. Primero, marqué $\frac{1}{2}$. Luego, marqué décimas. Sé que $\frac{1}{2}$ milla es lo mismo que 0.5 millas. Luke camina 0.6 millas, que es un poco más que $\frac{1}{2}$. Anna camina 0.35 millas, que está entre 0.3 y 0.4 millas y es menor que $\frac{1}{2}$. Por tanto, Luke camina una distancia mayor que Anna.

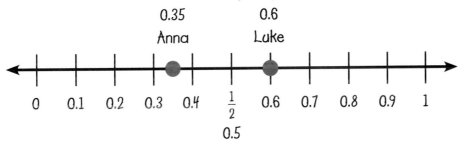

La solución de Kimberly

0.35 son tres décimas y media.

Como 0.6 son seis décimas, es un número más grande.

La solución de Damian

Pensé que 0.35 era un número más grande porque tenía más dígitos. Pero cuando dibujé el diagrama, vi que 0.6 es lo mismo que $\frac{60}{100}$, que es mayor que $\frac{35}{100}$.

35 es mayor que 6, pero 0.35 no es mayor que 0.6.

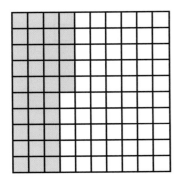 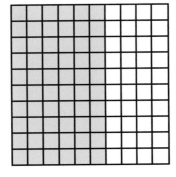

0.35 < 0.6

Suma de decimales (página 1 de 2)

0.5 + 0.6 =

La solución de Helena

Sumé 0.5 y 0.6.

0.5 es $\frac{1}{2}$.   0.6 es $\frac{1}{2}$ y una décima más.

Por tanto, 5 décimas más 6 décimas es igual a un entero y una décima.
0.5 + 0.6 = **1.1**

Comprobé mi trabajo coloreando los decimales en estos dos cuadrados de 10 × 10.

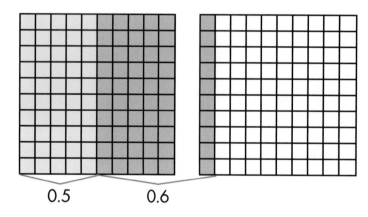

0.5   0.6

0.5 + 0.25 =

La solución de Bill

Coloreé ambos decimales en un cuadrado de 10 × 10 usando diferentes colores.

Coloreé 0.5 de verde. Coloreé 0.25 de azul.

Eso es 2 décimas y 5 centésimas más.

El total es 7 décimas y 5 centésimas, o **0.75.**

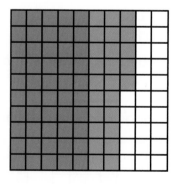

La solución de Marisol

Como sé que 0.5 = $\frac{1}{2}$ y que 0.25 = $\frac{1}{4}$, puedo sumar las fracciones y obtener el mismo resultado.

$\frac{1}{2} + \frac{1}{4} = \frac{3}{4}$. $\frac{3}{4}$ es lo mismo que **0.75.**

Suma de decimales (página 2 de 2)

Nadeem y Amelia hacen ejercicio todos los días saliendo a caminar juntos. Anotan en un registro la distancia que recorren cada día. Éste es el principio de uno de sus registros.

Día	¿Qué distancia recorrimos?
Lunes	2.5 millas
Martes	2 millas
Miércoles	1.2 millas

¿Qué distancia caminaron del lunes al miércoles?

La solución de Nadeem

Primero, sumé las millas enteras:

2 (de 2.5), 2 y 1 (de 1.2). $2 + 2 + 1 = 5$

Luego, sumé las décimas:

Cinco décimas más dos décimas es igual a siete décimas. $0.5 + 0.2 = 0.7$

Por último, combiné 5 millas y 0.7 millas.

$$\begin{array}{r} 5 \\ + \ 0.7 \\ \hline \textbf{5.7 millas} \end{array}$$

La solución de Amelia

Pensé en usar fracciones para resolver el problema.

2.5 millas

$2.5 = 2\frac{5}{10}$

$1.2 = 1\frac{2}{10}$

2 millas

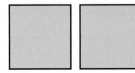

$2\frac{5}{10} + 1\frac{2}{10} = 3\frac{7}{10}$

$3 + 2 = 5$

1.2 millas

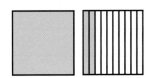

$5 + \frac{7}{10} = \mathbf{5\frac{7}{10}}$

Gráficas

Palabras de matemáticas

- **gráfica lineal**
- **eje horizontal (eje de las x)**
- **eje vertical (eje de las y)**

Esta gráfica lineal muestra cómo cambió la temperatura en Norfolk entre el 8 y el 14 de diciembre.

El eje vertical, o eje de las y, muestra la temperatura.

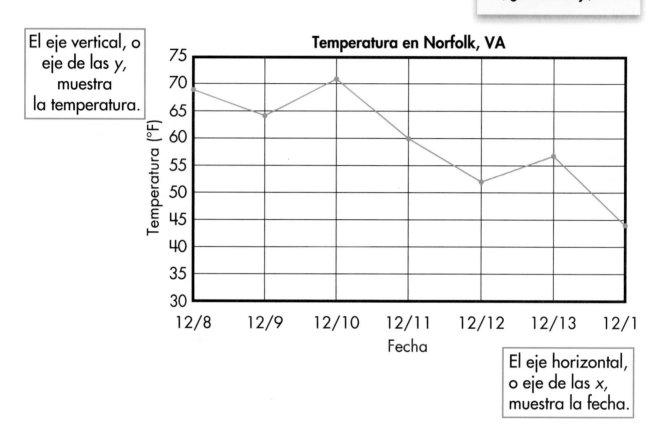

Temperatura en Norfolk, VA

El eje horizontal, o eje de las x, muestra la fecha.

La gráfica fue creada con los datos recopilados y organizados en esta tabla:

FECHA	TEMPERATURA
12/8	69° F
12/9	64° F
12/10	71° F
12/11	60° F
12/12	52° F
12/13	57° F
12/14	44° F

Esta fila de la tabla muestra que el 11 de diciembre hizo una temperatura de 60°F.

Leer puntos en una gráfica

(página 1 de 2)

Cada punto de esta gráfica representa dos datos conectados de información: la fecha y la temperatura.

Por ejemplo, mira el punto de la gráfica marcado con una estrella .

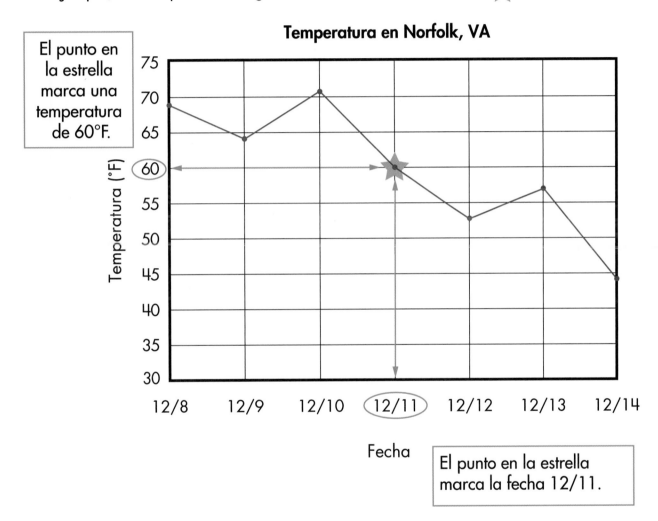

El punto en la estrella marca una temperatura de 60°F.

El punto en la estrella marca la fecha 12/11.

Al conectar estos dos datos, el punto marcado con una estrella ⭐ muestra que el 11 de diciembre hizo una temperatura de 60°F en Norfolk, VA.

Leer puntos en una gráfica

(página 2 de 2)

Temperatura en Norfolk, VA

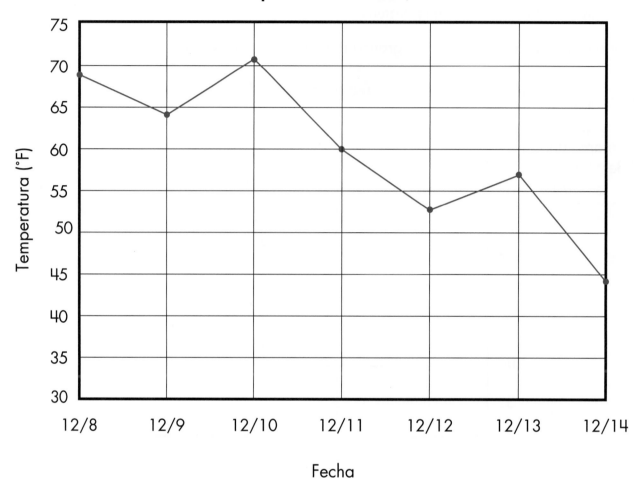

Fecha

Responde las siguientes preguntas sobre la gráfica de temperatura de Norfolk.

¿En qué día hizo más calor?

¿En qué día hizo más frío?

¿Cuál fue la diferencia en grados entre la temperatura más alta y la más baja?

Haz una predicción: ¿qué temperatura crees que hará en Norfolk, VA, el 15 de diciembre y unos cuantos días después?

Cuentos sobre gráficas lineales (página 1 de 2)

Cada una de estas gráficas lineales representa una parte del recorrido de una carrera de bicicletas. Las gráficas muestran la velocidad del ciclista.

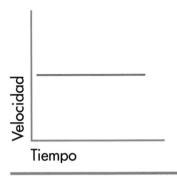

La velocidad es constante.

La ciclista avanza a una velocidad constante.

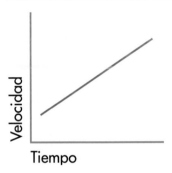

La velocidad va aumentando.

La ciclista aumentó la velocidad para sobrepasar a otra competidora.

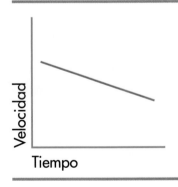

La velocidad va disminuyendo.

La ciclista disminuyó la velocidad después de cruzar la meta.

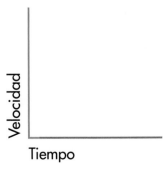

La velocidad es cero.

La ciclista se detuvo para recibir su medalla.

Cuentos sobre gráficas lineales (página 2 de 2)

Aquí se muestra una gráfica que representa una carrera de bicicletas.

Carrera de bicicletas

Velocidad

pedaleando
al mismo ritmo

B

disminuyendo
la velocidad

aumentando
la velocidad

A

C

pedaleando
al mismo ritmo

D

disminuyendo
la velocidad
hasta detenerse

E

Tiempo

Jake escribió este cuento acerca de
la carrera de bicicletas.

Al principio de la carrera, la ciclista aceleró
hasta alcanzar su máxima velocidad. Pedaleó
a esa velocidad por un rato y luego redujo
la velocidad. Pedaleó a esa velocidad durante
un rato. Luego, redujo un poco más la
velocidad y se detuvo al final de la carrera.

¿En qué parte de la gráfica se muestra la velocidad más alta que
alcanzó la ciclista?

Mira las partes B y D de esta gráfica. ¿Qué tienen en común estas partes
de la carrera?

¿Cuál es la diferencia entre ellas? ¿Cuántas veces se detuvo la ciclista
durante la carrera de bicicletas? ¿Cómo lo sabes?

Crecimiento rápido y lento

Estas gráficas lineales muestran cómo crecieron dos plantas durante una semana.

La altura de ambas plantas aumentó durante la semana, pero las plantas crecieron a diferentes velocidades.

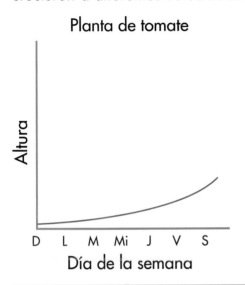

Planta de tomate

La planta de tomate creció más lentamente que la planta de pepino.

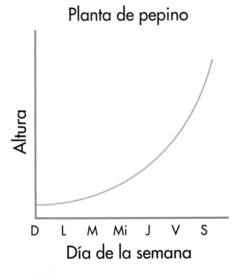

Planta de pepino

La planta de pepino creció más rápidamente que la planta de tomate.

 Esta gráfica muestra el crecimiento de una planta de frijol verde. **Describe la velocidad de crecimiento de la planta de frijol durante la semana.**

Planta de frijol verde

El frasco de monedas de 1¢ y una tasa constante de cambio

En algunas situaciones, el cambio ocurre a una tasa constante.

Los problemas de esta unidad sobre el frasco de monedas de 1¢ tienen una tasa constante de cambio.

La regla del frasco de monedas de 1¢ que se muestra a continuación es:

Comienza con 3 monedas de 1¢ y agrega 5 monedas de 1¢ en cada vuelta.

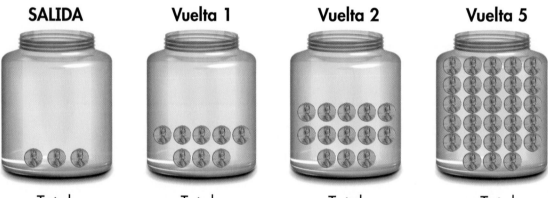

| **SALIDA** | **Vuelta 1** | **Vuelta 2** | **Vuelta 5** |

| Total: | Total: | Total: | Total: |
| 3 monedas de 1¢ | 8 monedas de 1¢ | 13 monedas de 1¢ | 28 monedas de 1¢ |

La tasa de cambio es constante.

La misma cantidad, 5 monedas de 1¢, se agrega en cada vuelta.

¿Cuántas monedas de 1¢ hay en el frasco?

Mira la información de la página 78 y di cuántas monedas de 1¢ habrá en el frasco después de la cuarta vuelta.

La solución de Jill

Jill hizo un dibujo para averiguar la respuesta.

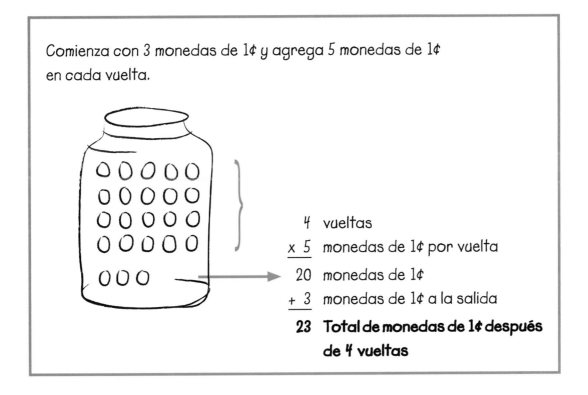

Comienza con 3 monedas de 1¢ y agrega 5 monedas de 1¢ en cada vuelta.

$$
\begin{array}{rl}
4 & \text{vueltas} \\
\times\ 5 & \text{monedas de 1¢ por vuelta} \\
\hline
20 & \text{monedas de 1¢} \\
+\ 3 & \text{monedas de 1¢ a la salida} \\
\hline
23 & \text{Total de monedas de 1¢ después} \\
& \text{de 4 vueltas}
\end{array}
$$

¿Cuántas monedas de 1¢ habrá en el frasco después de la sexta vuelta?
¿Cuántas monedas de 1¢ habrá en el frasco después de la décima vuelta?

Tabla para un problema sobre el frasco de monedas de 1¢

Anna hizo una tabla para este problema sobre el frasco de monedas de 1¢.

Comienza con 3 monedas de 1¢ y agrega 5 monedas de 1¢ en cada vuelta.

Número de vueltas	Cantidad total de monedas de 1¢
Salida	3
1	8
2	13
3	18
4	23
5	28
6	33
7	38
10	53
15	78
20	?

+ 5 en cada vuelta

Esta fila muestra que después de la cuarta vuelta habrá un total de 23 monedas de 1¢ en el frasco.

A partir de aquí, la tabla salta algunas filas.

¿Qué cantidad total de monedas de 1¢ habrá en la vuelta 20? ¿Cómo lo averiguaste?

Gráfica para un problema sobre el frasco de monedas de 1¢

Marisol hizo una gráfica para este problema sobre el frasco de monedas de 1¢.

Comienza con 3 monedas de 1¢ y agrega 5 monedas de 1¢ en cada vuelta.

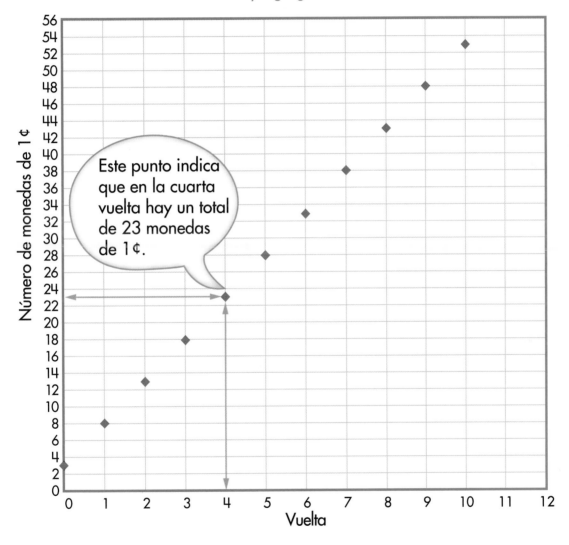

Este punto indica que en la cuarta vuelta hay un total de 23 monedas de 1¢.

Marisol se preguntó: "¿por qué los puntos están en línea recta?"

¿Por qué crees que los puntos de esta gráfica están en línea recta?

Comparar frascos de monedas de 1¢ (página 1 de 4)

Estos son dos problemas de frascos de monedas de 1¢.

Frasco de monedas de 1¢ A
*Comienza con 6 y
añade 4 en cada vuelta.*

Frasco de monedas de 1¢ B
*Comienza con 0 y
añade 4 en cada vuelta.*

COMIENZO

COMIENZO

¿Tendrá alguna vez el frasco B la misma cantidad de monedas de 1¢ que el frasco A?

Derek hizo una tabla.

Vuelta	Frasco de monedas A	Frasco de monedas B
Comienza con	6	0
1	10	4
2	14	8
3	18	12
4	22	16
5	26	20
6	30	24

Comparar frascos de monedas de 1¢ (página 2 de 4)

Luego, Derek representó la tabla en forma de gráfica.

Comparación de los frascos A y B

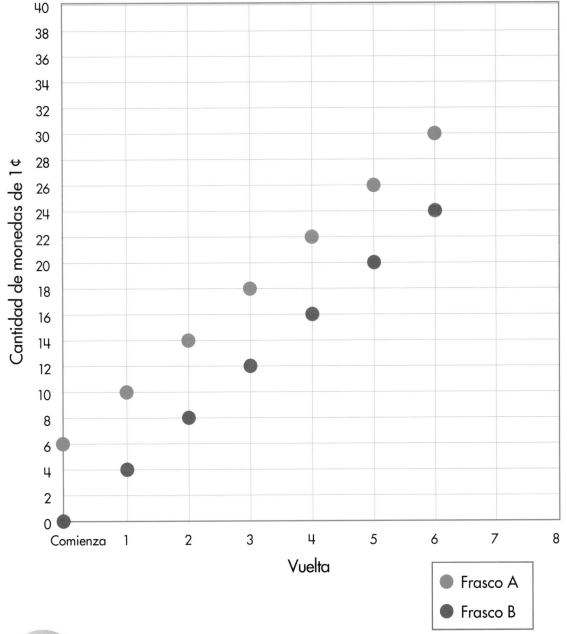

Frasco A

Frasco B

¿Tendrán en algún momento los frascos A y B la misma cantidad de monedas de 1¢? ¿Cómo muestra eso la tabla? ¿Cómo muestra eso la gráfica?

Palabras e ideas de matemáticas

Comparar frascos de monedas de 1¢ (página 3 de 4)

Aquí se muestran dos problemas sobre frascos para centavos:

Frasco A

Comienza con 6 y añade 4 después de completar cada vuelta.

Frasco C

Comienza con 4 y añade 2 después de completar cada vuelta.

¿Tendrán en algún momento los frascos A y C la misma cantidad de monedas de 1¢?

Noemí usó una tabla y una gráfica para hallar la respuesta.

Vuelta	Frasco A	Frasco C
Comienza con	6	4
1	10	6
2	14	8
3	18	10
4	22	12
5	26	14
6	30	16

Comparación de los frascos A y C

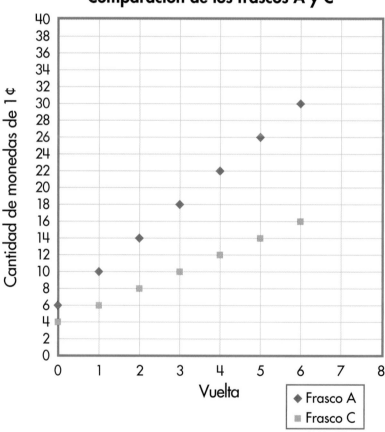

¿Tendrán en algún momento los frascos A y C la misma cantidad de monedas de 1¢? ¿Cómo muestra eso la tabla? ¿Cómo muestra eso la gráfica?

MME

84 ochenta y cuatro

Comparar frascos de monedas de 1¢ (página 4 de 4)

Aquí se muestran dos problemas sobre frascos para centavos.

Frasco A

Comienza con 6 y añade 4 después de completar cada vuelta.

Frasco D

Comienza con 0 y añade 6 después de completar cada vuelta.

¿Tendrán en algún momento los frascos A y D la misma cantidad de monedas de 1¢?

Steve usó una tabla y una gráfica para hallar la respuesta.

Vuelta	Frasco A	Frasco D
Comienza con	6	0
1	10	6
2	14	12
3	18	18
4	22	24
5	26	30
6	30	36

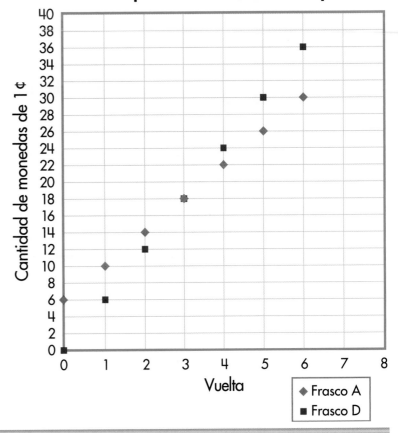

Comparación de los frascos A y D

¿Tendrán en algún momento los frascos A y D la misma cantidad de monedas de 1¢? ¿Cómo se muestra eso en la tabla? ¿Cómo se muestra eso en la gráfica?

Escribir reglas para describir un cambio

Comienza con 8 monedas de 1¢ y añade 5 monedas de 1¢ en cada vuelta.

¿Cuántas monedas de 1¢ habrá en el frasco después de completar 10 vueltas?

```
    10   vueltas
  × 5    monedas de 1¢ por vuelta
    50   monedas de 1¢


  + 8    monedas de 1¢ al comenzar
    58   Total de monedas de 1¢ después de 10 vueltas
```

Una maestra pidió a sus estudiantes que escribieran una regla sobre la cantidad de monedas de 1¢ que habrá en cualquier vuelta usando palabras o una expresión aritmética.

La regla de Luke: *Multiplica el número de la vuelta por 5 y luego suma 8 porque ésa es la cantidad de monedas de 1¢ que hay en el frasco al comenzar.*

La regla de Steve: *Número de la vuelta x 5 + 8*

La regla de Sabrina: *8 + (5 x n)*

¿Puedes usar una de estas reglas o tu propia regla para averiguar cuántas monedas de 1¢ habrá en el frasco después de 30 vueltas?

¿Tendrás en alguna vuelta exactamente 200 monedas de 1¢ en este frasco? (Si es así, ¿en qué vuelta sucederá?) ¿Cómo lo sabes?

Trabajar con datos

Recolectamos datos para reunir información sobre el mundo que nos rodea.

Recolectando, representando y analizando datos puedes responder preguntas como éstas:

¿Cuántos libros al mes leen los estudiantes de cuarto grado?

¿Cuánto más altos son los estudiantes de cuarto grado que los de primer grado?

¿Durante cuánto tiempo han vivido nuestras familias en este pueblo?

¿Qué grupo ve más televisión cada día, los adultos o los niños?

Trabajar con datos es un proceso.

Hacer una pregunta	Recolectar datos	Organizar y representar los datos	Describir y resumir los datos	Interpretar los datos, sacar conclusiones y hacer nuevas preguntas

Organizar y representar datos

(página 1 de 2)

Lucy se preguntó:

¿Cuántos libros leen en un mes los estudiantes de cuarto grado?

Hizo una encuesta en su clase y reunió el siguiente conjunto de datos.

¿Cuántos libros leíste el mes pasado?			
Yuki 6	Amelia 7	Andreas 8	Anna 8
Lucy 11	Vashon 7	Úrsula 8	Kaetwan 9
Enrique 10	Tairea 8	Ramona 10	Vanetta 10
Steve 9	Bill 8	Luke 15	Barney 9
Marisol 11	Duante 9	Emaan 10	Cheyenne 11
Laqueta 10	Derek 8		

Lucy decidió organizar y representar los datos de varias maneras.

Primero, organizó los datos usando marcas de conteo.

Cantidad de libros	Número de estudiantes
6	I
7	II
8	⊪I
9	IIII
10	⊪
11	III
15	I

Organizar y representar datos

(página 2 de 2)

Palabras de matemáticas

- **diagrama de puntos**
- **gráfica de barras**

Luego, Lucy representó los datos en un diagrama de puntos.

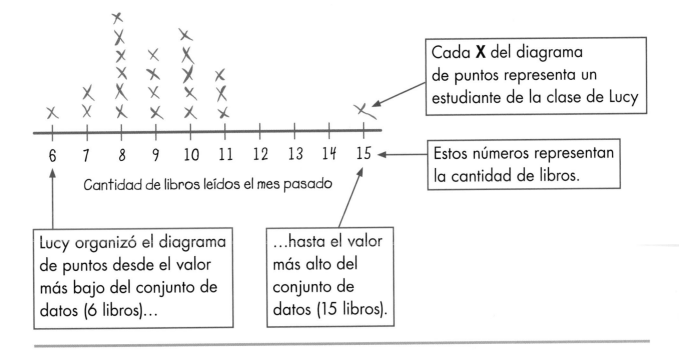

Cada **X** del diagrama de puntos representa un estudiante de la clase de Lucy

Estos números representan la cantidad de libros.

Lucy organizó el diagrama de puntos desde el valor más bajo del conjunto de datos (6 libros)…

…hasta el valor más alto del conjunto de datos (15 libros).

También representó los datos en una gráfica de barras.

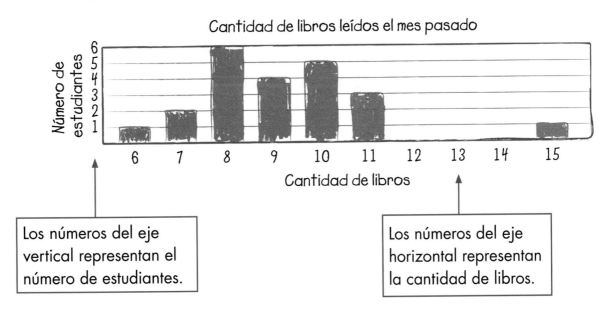

Los números del eje vertical representan el número de estudiantes.

Los números del eje horizontal representan la cantidad de libros.

Describir y resumir datos (página 1 de 2)

Lucy compartió los datos con los estudiantes de su clase.

La maestra preguntó: "¿Qué observaron sobre la cantidad de libros leídos por los estudiantes de nuestra clase el mes pasado?"

Cantidad de libros leídos el mes pasado

Éstas son algunas de las respuestas de los estudiantes.

Luke comentó sobre el rango de este conjunto de datos.

Luke: *El rango de estos datos va desde 6 libros hasta 15 libros. Nadie de nuestra clase leyó menos de 6 libros o más de 15.*

Tairea halló el intervalo donde está concentrada la mayoría de los datos.

Tairea: *Más de la mitad de la clase leyó entre 8 y 10 libros.*

Bill comentó sobre la moda de este conjunto de datos.

Bill: *La cantidad de libros que más personas leyeron fue 8.*

El **rango** es la diferencia entre el valor más alto y el valor más bajo de un conjunto de datos.

El rango de estos datos es 9 libros:

$$15 - 6 = 9$$

valor más alto   valor más bajo   rango

La **moda** es el valor que ocurre con mayor frecuencia en un conjunto de datos.

Describir y resumir datos (página 2 de 2)

Palabras de matemáticas
- **valor extremo**
- **mediana**

Barney observó un valor extremo en este conjunto de datos:

> Una persona leyó 15 libros y 15 libros está lejos del resto de los datos. Leer 15 libros es algo inusual para nuestra clase, ya que la mayoría de los estudiantes leyó entre 8 y 10 libros.

Un **valor extremo** es un dato que tiene un valor inusual: mucho más bajo o mucho más alto que la mayoría de los datos.

Marisol halló la mediana de este conjunto de datos:

> La mediana es 9 libros. Eso significa que la mitad de la clase leyó 9 libros o más.

La **mediana** es el valor del medio en una lista ordenada.

* Busca más información en la página de Palabras e ideas de matemáticas "Hallar la mediana".

Ten en cuenta el valor extremo de los datos de Lucy.

¿Qué razones puede haber para que un estudiante haya leído 15 libros?

¿Qué crees que muestran estos datos sobre la clase?

Si estuvieras escribiendo un artículo para un periódico, ¿qué reportarías?

¿Qué evidencias de los datos apoyarían tus ideas?

Hallar la mediana (página 1 de 2)

La mediana es el valor del medio en una lista ordenada.

Mira estos ejemplos:

¿Cuántas uvas pasas hay en una caja de media onza?

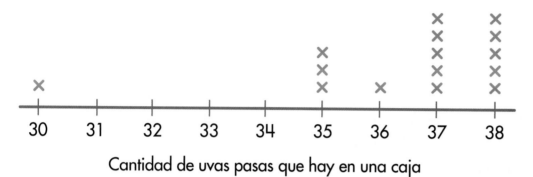

Cantidad de uvas pasas que hay en una caja

A continuación se muestra una lista ordenada de todos los datos:

30, 35, 35, 35, 36, 37, 37, **37,** 37, 37, 38, 38, 38, 38, 38

↑

mediana

El valor del medio es **37.**

La mediana es **37 uvas pasas.**

La mitad de
las cajas tenía 37 uvas
pasas o menos y la mitad
de las cajas tenía 37 uvas
pasas o más.

Hallar la mediana (página 2 de 2)

Cuando un conjunto de datos tiene un número par de valores, la mediana está entre los dos valores del medio.

¿Cuántos libros leíste el verano pasado?

Cantidad de libros

Ésta es una lista ordenada de todos los datos:

12, 13, 13, 14, 14, 14, 15, 15, 15, **16, 17,** 18, 19, 19, 19, 20, 20, 21, 21, 22

mediana

Como los valores del medio no son los mismos,
la mediana está entre los valores 16 y 17.
La mediana es **$16\frac{1}{2}$ libros.**

En el grupo hay tantos estudiantes que leyeron $16\frac{1}{2}$ libros
o menos como estudiantes que leyeron $16\frac{1}{2}$ o más.

Comparar dos conjuntos de datos (página 1 de 4)

Algunos compañeros de clase de Lucy se hicieron las siguientes preguntas.

¿Cómo se puede comparar la cantidad de libros leídos cada mes por los estudiantes de cuarto grado con la cantidad de libros leídos cada mes por los estudiantes de séptimo grado?

Reunieron datos de una clase de séptimo grado.

¿Cuántos libros leíste el mes pasado?

7	3	10	6	6	11	4
7	6	10	4	11	4	6
5	5	3	4	6	10	5

Organizaron los datos de la clase de séptimo grado usando marcas de conteo.

Séptimo grado	
Cantidad de libros	Número de estudiantes
3	II
4	IIII
5	III
6	NHL
7	II
10	III
11	II

Comparar dos conjuntos de datos (página 2 de 4)

Vashon, Duante, Cheyenne y Yuki crearon representaciones que les permitieron comparar fácilmente los datos de la clase de séptimo grado con los datos de la clase de cuarto grado que Lucy reunió.

Representación de Vashon

Vashon representó cada conjunto de datos en un diagrama de puntos:

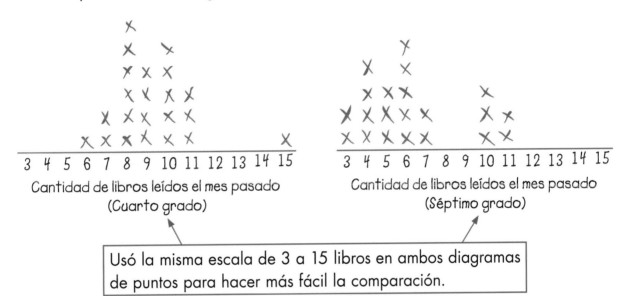

Usó la misma escala de 3 a 15 libros en ambos diagramas de puntos para hacer más fácil la comparación.

Representación de Cheyenne

Cheyenne representó los datos en una gráfica de doble barra.

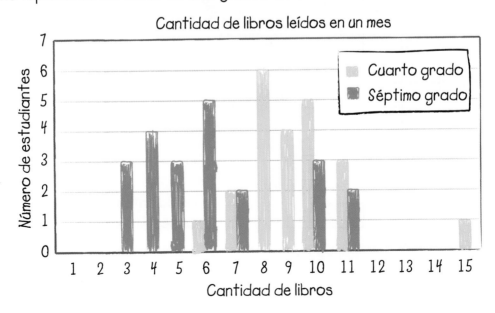

Comparar dos conjuntos de datos (página 3 de 4)

Representación de Duante

Duante hizo un diagrama de puntos y usó los números 4 y 7 en lugar de la **X** para representar los estudiantes de diferentes grados.

3	4	5	6	7	8	9	10	11	12	13	14	15
							4					
							4					
		4			4		4					
		7			4		4	4				
	7		7	4	4	4	4	4				
	7	7	7	4	4	4	7	4				
7	7	7	7	7	4	4	7	7				
7	7	7	7	7	4	4	7	7			4	

Cantidad de libros leídos el mes pasado por los estudiantes de séptimo y de cuarto grado

Representación de Yuki

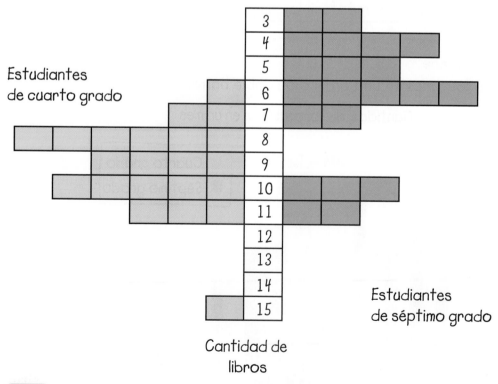

Estudiantes de cuarto grado

Estudiantes de séptimo grado

Cantidad de libros

Comparar dos conjuntos de datos (página 4 de 4)

Los estudiantes observaron las representaciones de los datos que reunieron y compararon la cantidad de libros que leyeron en un mes los estudiantes de cuarto y de séptimo grado.

Esto fue lo que observaron:

Vashon: *La cantidad menor de libros leídos por un estudiante de cuarto grado es 6 libros. Más de la mitad de los estudiantes de séptimo grado leyó 6 libros o menos.*

Duante: *La mediana de los datos de séptimo grado (6 libros) es menor que la mediana de los datos de cuarto grado (9 libros).*

Cheyenne: *Los datos de cuarto grado están agrupados en su mayoría entre 8 libros y 10 libros. La mayoría de los datos de séptimo grado está agrupada entre 3 libros y 7 libros.*

Yuki: *Un estudiante de cuarto grado leyó más libros que cualquier estudiante de séptimo grado.*

Basándose en lo que observaron en los datos que compararon, Vashon, Duante, Cheyenne y Yuki llegaron a las siguientes conclusiones:

> Nuestros datos muestran que, en general, los estudiantes de cuarto grado leyeron más libros que los estudiantes de séptimo grado. El valor de la mediana de los estudiantes de séptimo grado fue menor que el valor de la mediana de los estudiantes de cuarto grado. Aunque un estudiante de cuarto grado leyó más libros que cualquier otro, eso no fue lo que sucedió con todos los estudiantes de cuarto grado. Más de la mitad de los estudiantes de séptimo grado leyó 6 libros o menos, que es la cantidad más baja de libros que leyó un estudiante de cuarto grado.
>
> Quizá los libros que leen los estudiantes de séptimo grado sean más largos que los libros que leen los estudiantes de cuarto grado. O tal vez los estudiantes de séptimo grado tengan más tareas que nosotros y no tengan tiempo para leer. O quizá no tengan, como nosotros, buenos libros en su clase.

¿Qué preguntas podrían hacer estos estudiantes en una nueva encuesta para conseguir más información acerca de los hábitos de lectura de los estudiantes de cuarto y de séptimo grado?

Probabilidad (página 1 de 3)

¿Qué tan probable es...? ¿Cuál es la probabilidad de que...?

La probabilidad es el estudio de la posibilidad de que algo suceda. A veces estimamos la probabilidad de algo basándonos en datos y en nuestras experiencias sobre el mundo en que vivimos.

Basándonos en lo que conocemos sobre nuestro mundo, sabemos que algunos eventos futuros son imposibles.

El océano Pacífico se congelará completamente este invierno.

Algunos eventos futuros son seguros.

El Sol saldrá mañana.

La probabilidad de que ocurran muchos otros eventos está entre lo imposible y lo seguro.

Mañana nadie faltará a clase.

Lloverá el próximo fin de semana.

Línea de probabilidad

Imposible   Tal vez   Seguro

A   B

¿Puedes pensar en eventos que puedan ubicarse entre los puntos A y B de la línea de probabilidad?

Probabilidad (página 2 de 3)

En algunos casos, los resultados son igualmente probables. En los siguientes casos puedes hallar la probabilidad de que ocurra un evento teniendo en cuenta cuántos resultados posibles existen.

¿Qué sucederá si lanzas una moneda al aire?

Hay dos resultados posibles: cara o cruz. Si la moneda es normal, existe una probabilidad de 1 entre 2 de que salga cara y una probabilidad de 1 entre 2 de que salga cruz.

¿Qué sucederá si lanzas un cubo numérico marcado con los números 1, 2, 3, 4, 5 y 6?

Hay seis resultados posibles. Si el cubo numérico es normal, todos los resultados son igualmente probables.

La probabilidad de sacar un cinco es de 1 entre 6.

¿Cuál es la probabilidad de sacar un número par?

1	2
3	4
5	6

Hay 3 números pares en el cubo numérico. Por tanto, la probabilidad de sacar un número par es de 3 entre 6.

También puedes decir que la probabilidad es de 1 entre 2.

¿Qué sucederá si sacas una canica de un frasco que contiene 3 canicas amarillas y 9 canicas azules?

Hay 12 canicas en el frasco. La probabilidad de sacar una canica azul es de 9 entre 12.

También puedes decir que esta probabilidad es de 3 entre 4.

Probabilidad (página 3 de 3)

En matemáticas, puedes usar números del 0 al 1 para describir la probabilidad de que ocurra un evento.

La probabilidad de un evento imposible es 0.

La probabilidad de un evento seguro es 1.

La probabilidad de que un evento de igual probabilidad suceda o no suceda es de $\frac{1}{2}$.

Por ejemplo, cuando lanzas al aire una moneda normal, existe una probabilidad de 1 entre 2 de que salga cara. La probabilidad de que salga cara es de $\frac{1}{2}$.

Las probabilidades pueden estar en cualquier lugar entre el 0 y el 1.

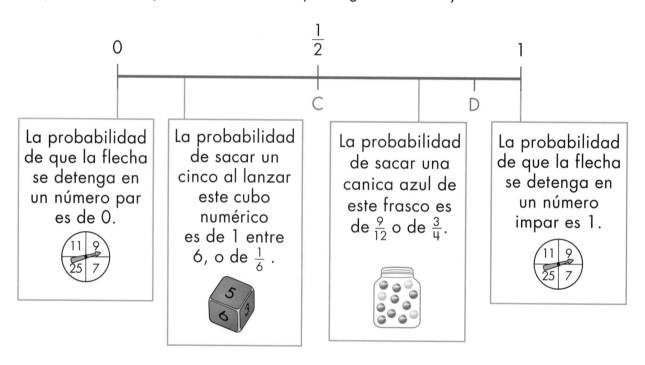

La probabilidad de que la flecha se detenga en un número par es de 0.

La probabilidad de sacar un cinco al lanzar este cubo numérico es de 1 entre 6, o de $\frac{1}{6}$.

La probabilidad de sacar una canica azul de este frasco es de $\frac{9}{12}$ o de $\frac{3}{4}$.

La probabilidad de que la flecha se detenga en un número impar es 1.

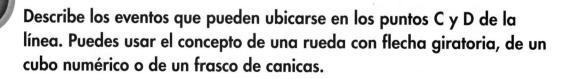

Describe los eventos que pueden ubicarse en los puntos C y D de la línea. Puedes usar el concepto de una rueda con flecha giratoria, de un cubo numérico o de un frasco de canicas.

Medición lineal (página 1 de 2)

Al medir longitudes puedes responder preguntas como éstas:

¿Qué tan ancha es esta ventana?

¿Qué tan larga es la barra de equilibrio?

La regla es un instrumento para medir la longitud de algo.

Esta regla mide pulgadas en un borde y centímetros en el otro borde.

Una regla mide 12 pulgadas (o 1 pie) de largo. Esa medida equivale aproximadamente a $30\frac{1}{2}$ centímetros de largo.

A continuación se muestran otros instrumentos de medición.

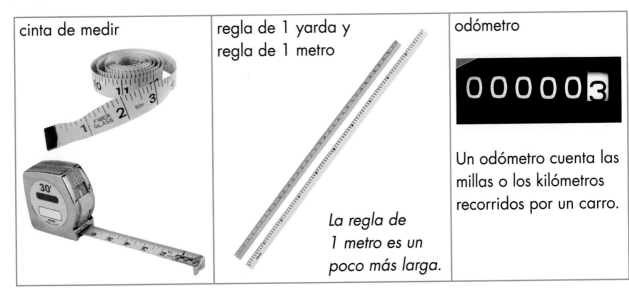

cinta de medir

regla de 1 yarda y regla de 1 metro

La regla de 1 metro es un poco más larga.

odómetro

Un odómetro cuenta las millas o los kilómetros recorridos por un carro.

Medición lineal (página 2 de 2)

Hay dos sistemas para medir la longitud de algo.

En los Estados Unidos se usa el sistema de medidas convencionales para medir la mayoría de las longitudes en pulgadas, en pies, en yardas y en millas. Sólo otros dos países del mundo –Liberia y Myanmar– usan este sistema de medición.

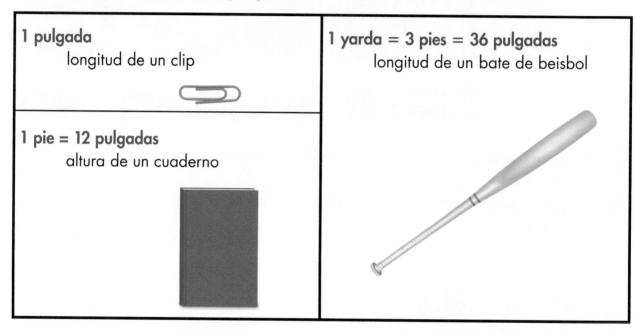

1 pulgada
longitud de un clip

1 pie = 12 pulgadas
altura de un cuaderno

1 yarda = 3 pies = 36 pulgadas
longitud de un bate de beisbol

En casi todos los demás países del mundo se usa el sistema métrico para medir longitudes en milímetros, en centímetros, en metros y en kilómetros.

1 centímetro
ancho de un crayón

Un centímetro es más pequeño que una pulgada. Una pulgada son aproximadamente $2\frac{1}{2}$ centímetros.

1 metro = 100 centímetros
altura de la cerradura de una puerta desde el piso

Un metro es un poco más largo que una yarda.

¿Puedes encontrar otros objetos que tengan longitudes de aproximadamente una pulgada, un pie, una yarda, un centímetro o un metro?

Medir con precisión

Los estudiantes de la Sra. Smith usaron reglas para medir la longitud del portatizas del pizarrón de su clase. Aunque los estudiantes midieron la misma distancia, obtuvieron respuestas diferentes.

Mira las siguientes ilustraciones y busca los errores de medición que cometieron los estudiantes.

Jill midió 3 pies.

Jill: *Como dejé espacios entre las reglas, mi respuesta es demasiado pequeña.*

Andreas midió 4 pies.

Andreas: *Como sobrepuse las reglas, mi respuesta es demasiado grande.*

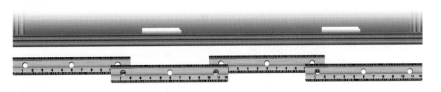

Yuson midió 3 pies.

Yuson: *No empecé a medir desde el principio del portatizas y no medí hasta el final.*

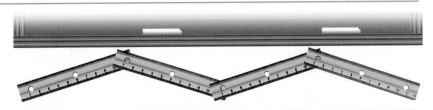

Terrell midió 4 pies.

Terrell: *No mantuve las reglas derechas.*

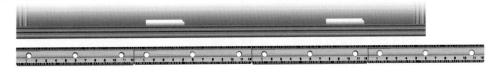

Tonya midió $3\frac{1}{2}$ pies.

Tonya: *Alineé la regla con el lado izquierdo del portatizas. Alineé mis reglas con exactitud sin sobreponerlas o dejar espacios entre ellas.*

¿Midió Tonya con precisión la longitud del portatizas? ¿Cómo lo sabes?

Perímetro (página 1 de 2)

Palabras de matemáticas
• **perímetro**

El perímetro es la longitud del borde de una figura.
El perímetro es una medida lineal.

Una hormiga camina alrededor del perímetro de la parte superior de un escritorio. Comienza en una esquina, camina alrededor del borde y termina en la misma esquina en la que comenzó.

¿Qué distancia caminó la hormiga?

¿Cuál es el perímetro de la parte superior del escritorio?

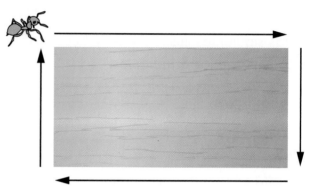

La solución de Ramona

Medí los lados del escritorio en pies.

$5 + 5 + 2\frac{1}{2} + 2\frac{1}{2} = 15$

El perímetro de la parte superior del escritorio es **15 pies.**

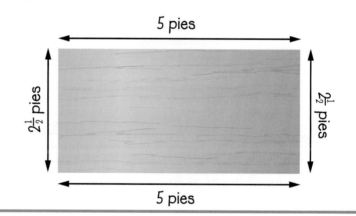

5 pies

$2\frac{1}{2}$ pies

$2\frac{1}{2}$ pies

5 pies

La solución de Luke

Medí los lados del escritorio en pulgadas. El lado izquierdo del escritorio mide 30 pulgadas. El lado derecho tiene que medir lo mismo que el lado izquierdo. La parte de arriba mide 60 pulgadas. La parte de abajo tiene que medir lo mismo que la parte de arriba.

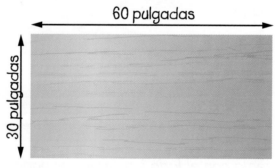

60 pulgadas

30 pulgadas

$60 + 30 = 90$
$90 + 90 = 180$

El perímetro de la parte superior del escritorio es **180 pulgadas.**

¿Por qué la respuesta en pies es diferente a la respuesta en pulgadas?

Perímetro (página 2 de 2)

Completa las medidas que faltan y halla el perímetro.

> Usa el programa *LogoPaths* para resolver problemas sobre perímetro.

La solución de Helena

20 cm

15 cm

10 cm

35 cm

La parte que falta mide 20 porque 15 + 20 = 35.

?

20 cm

?

30 cm

La parte de abajo mide 30 porque 20 + 10 = 30.

35 + 20 + 15 + 10 + 20 + 30 = 130

El perímetro mide **130 centímetros.**

Dibuja un rectángulo de un perímetro de 600 metros.

La solución de Terrell

Si el perímetro mide 600 metros, la mitad del recorrido alrededor del rectángulo es 300 metros.

Las medidas de arriba y de los lados del rectángulo deben sumar 300 metros, como 250 + 50.

250 + 50 = 300

300 x 2 = 600

El perímetro de este rectángulo mide **600 metros.**

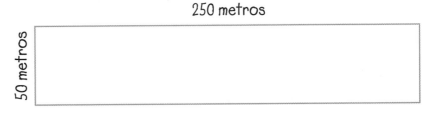

250 metros

50 metros

Polígonos

Palabras de matemáticas
- **polígono**
- **bidimensional**

Los polígonos son figuras bidimensionales de lados rectos.

Estas figuras son polígonos.

Estas figuras no son polígonos.

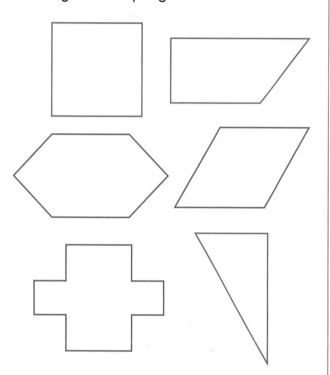
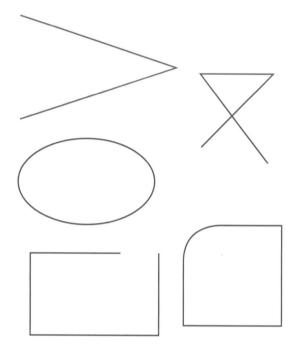

 ¿Cuáles de estas figuras no son polígonos?

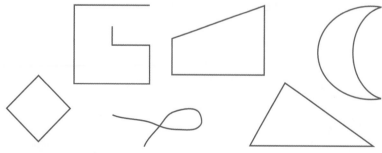

Nombres de polígonos

Los polígonos tienen distintos nombres según el número de lados que tengan.

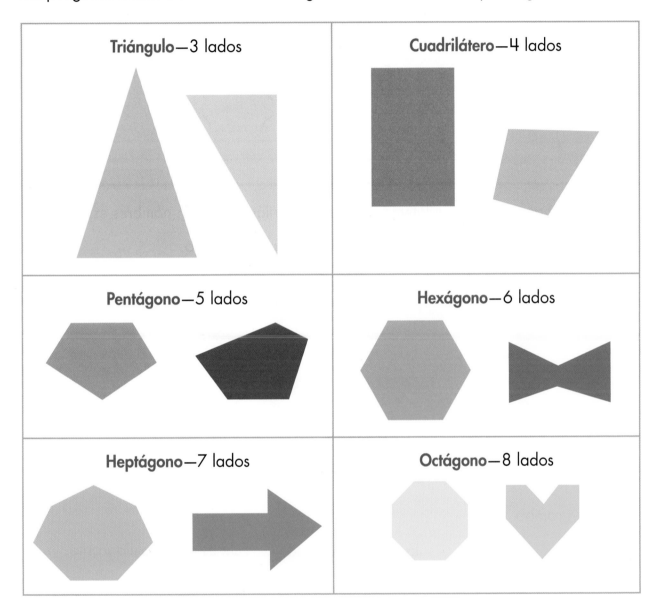

Triángulo—3 lados

Cuadrilátero—4 lados

Pentágono—5 lados

Hexágono—6 lados

Heptágono—7 lados

Octágono—8 lados

Intenta dibujar ejemplos de los siguientes polígonos:
nonágono (9 lados)
decágono (10 lados)
endecágono (11 lados)
dodecágono (12 lados)

Cuadriláteros (página 1 de 2)

Palabras de matemáticas
- **cuadrilátero**
- **rombo**

Un cuadrilátero es un polígono que tiene:

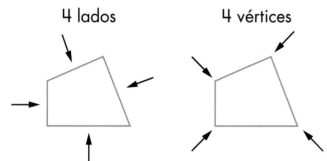

4 lados   4 vértices   4 ángulos

Todas estas figuras son cuadriláteros. Algunos cuadriláteros tienen nombres especiales.

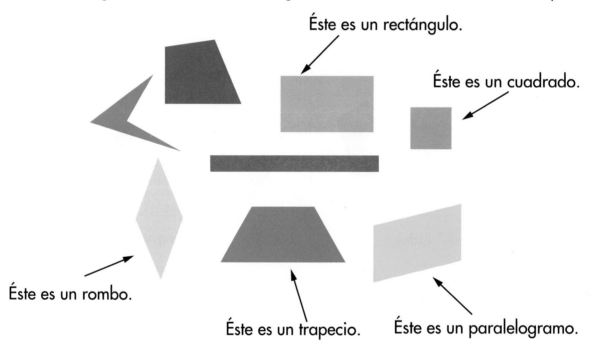

Éste es un rectángulo.

Éste es un cuadrado.

Éste es un rombo.

Éste es un trapecio.   Éste es un paralelogramo.

¿Cuáles son cuadriláteros? ¿Por qué?

Cuadriláteros (página 2 de 2)

Las líneas paralelas van en la misma dirección.
Son siempre equidistantes una de otra, como los rieles
de un ferrocarril.

Los cuadriláteros que tienen 1 solo par de lados paralelos se llaman trapecios.

Estas marcas muestran los lados paralelos.

Estos dos cuadriláteros son trapecios.

Los cuadriláteros que tienen 2 pares de lados paralelos se llaman paralelogramos.

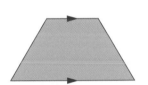 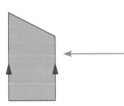

Todos estos cuadriláteros son paralelogramos.

Algunos cuadriláteros no tienen lados paralelos.

Rectángulos y cuadrados

Palabras de matemáticas
- **rectángulo**
- **cuadrado**

Un rectángulo es un tipo especial de cuadrilátero que tiene:

- 4 lados
- 4 vértices
- 4 ángulos de 90° (ángulos rectos)

Puedes leer más sobre ángulos rectos en la página 111.

Aquí se muestran algunos rectángulos.

Un cuadrado es un tipo especial de rectángulo que tiene:

- 4 lados de la misma longitud
- 4 vértices
- 4 ángulos de 90° (ángulos rectos)

Aquí se muestran algunos cuadrados.

¿En qué se parecen los rectángulos y los cuadrados?

¿En qué se diferencian los rectángulos y los cuadrados?

Ángulos (página 1 de 3)

La medida del ángulo de un polígono equivale a la distancia de giro que existe entre dos lados.

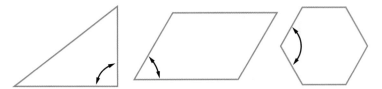

Los ángulos se miden en grados. Cuando un ángulo forma una esquina cuadrada, como la esquina de una hoja de papel, se llama ángulo recto. Un ángulo recto mide 90 grados.

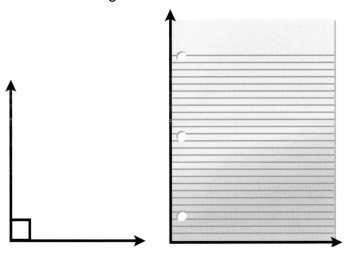

La palabra "grado" también es una unidad que se usa para medir la temperatura.

Estos estudiantes están hablando sobre los ángulos de polígonos usando sus modelos de polígonos Power.

Enrique: *Todos estos triángulos tienen un ángulo de 90 grados.*

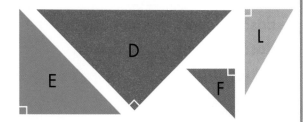

Amelia: *Todos los ángulos de todos estos rectángulos son ángulos rectos.*

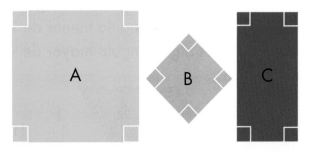

Ángulos (página 2 de 3)

Palabras de matemáticas
- ángulo agudo
- ángulo obtuso

Helena: *Ninguno de los ángulos de este trapecio mide 90 grados.*

Este ángulo mide menos de 90 grados. Es más pequeño que la esquina de la hoja de papel.

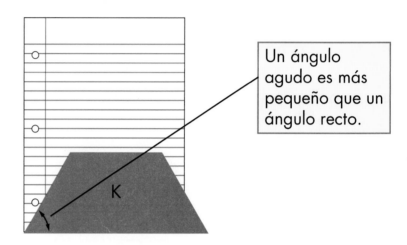

Un ángulo agudo es más pequeño que un ángulo recto.

Este ángulo mide más de 90 grados. Es más grande que la esquina de la hoja de papel.

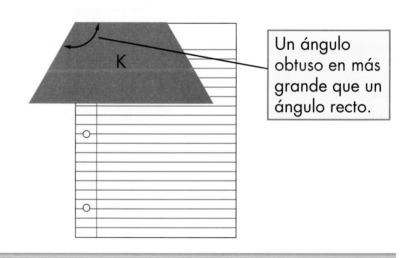

Un ángulo obtuso en más grande que un ángulo recto.

Observa estas figuras:

¿Ves algún ángulo de 90 grados? Si lo ves, ¿dónde está?

¿Ves algún ángulo menor de 90 grados? Si lo ves, ¿dónde está?

¿Ves algún ángulo mayor de 90 grados? Si lo ves, ¿dónde está?

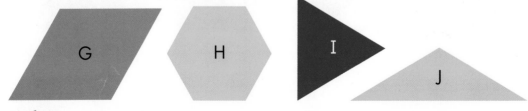

Ángulos (página 3 de 3)

¿Cuántos grados mide este ángulo?

¿Cómo lo sabes?

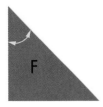

La solución de Amelia

Puedo usar dos de estos triángulos para formar un cuadrado.

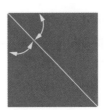

$45 + 45 = 90$

Estos dos ángulos juntos forman 90°. Como son iguales, cada ángulo mide 45°.

¿Cuántos grados mide este ángulo?

¿Cómo lo sabes?

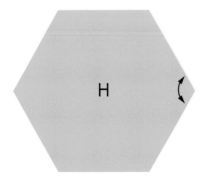

La solución de Enrique

Al juntar tres hexágonos, los tres ángulos del centro forman un círculo.

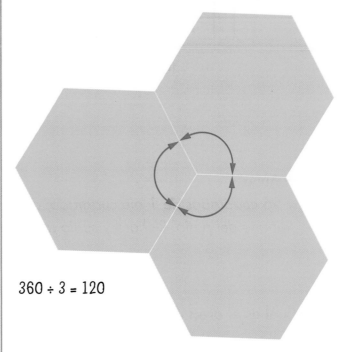

$360 \div 3 = 120$

Como el círculo tiene 360°, cada ángulo mide 120°.

Puedes usar el programa *LogoPaths* para resolver problemas sobre ángulos.

¿Cuántos grados mide este ángulo?
¿Cómo lo sabes?

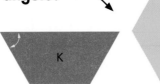

Área

El área es la medida de una superficie bidimensional, por ejemplo la cantidad de superficie plana que cubre un objeto.

Richard y su tío están construyendo un patio. El patio está hecho de baldosas que miden 1 pie cuadrado cada una. Éste es un dibujo del diseño del patio.

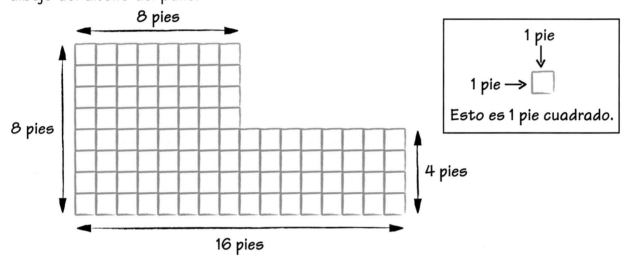

¿Cuál es el área del patio?

¿Cuántas baldosas cuadradas necesitan?

La solución de Anna

*Como hay 96 cuadrados de 1 pie cuadrado, el área es 96 pies cuadrados. Ése es el tamaño del patio. Richard y su tío necesitan **96** baldosas.*

 ¿Cuál es el área de esta figura?

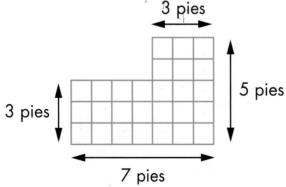

Medir el área (página 1 de 2)

En la vida diaria medimos el área en unidades cuadradas como centímetros cuadrados o pies cuadrados.

Ramona formó algunas figuras en tableros geométricos.

Contó las unidades cuadradas que hay dentro de cada figura usando cuadrados y triángulos.

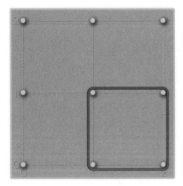

El cuadrado azul tiene 1 unidad cuadrada.

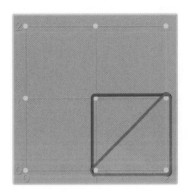

El triángulo rojo tiene $\frac{1}{2}$ unidad cuadrada.

Como 1 unidad cuadrada está dividida en 2 triángulos pequeños, cada triángulo tiene $\frac{1}{2}$ unidad cuadrada.

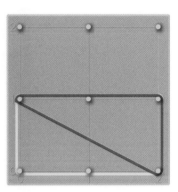

El triángulo verde tiene 1 unidad cuadrada.

Como 2 unidades cuadradas están divididas en 2 triángulos, cada triángulo tiene 1 unidad cuadrada.

Ramona: *El área de todas estas figuras es la misma.*
Cada una mide 8 unidades cuadradas.

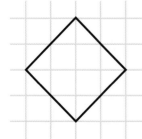
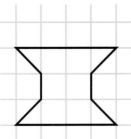
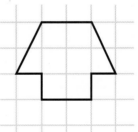
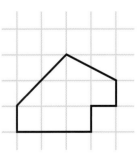

¿Estás de acuerdo con los enunciados de Ramona?
¿Mide cada una de estas figuras 8 unidades cuadradas?

Medir el área (página 2 de 2)

El área se mide en unidades cuadradas, pero también puede ser medida de otras maneras.

Anna usó polígonos Power para formar una figura.

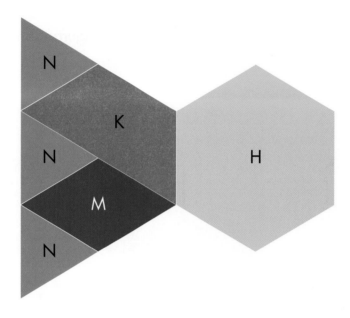

Midió el área de su figura usando el triángulo N.

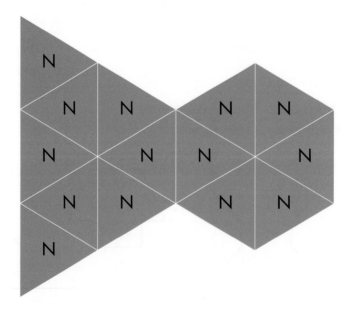

El área de mi diseño tiene 14 triángulos N.

Simetría axial

Palabras de matemáticas
- **simetría**
- **eje de simetría**

Bill y Noemí hicieron diseños simétricos usando polígonos Power.

Bill: *Mi diseño tiene un eje de simetría. La mitad izquierda del diseño es exactamente igual que la mitad derecha.*

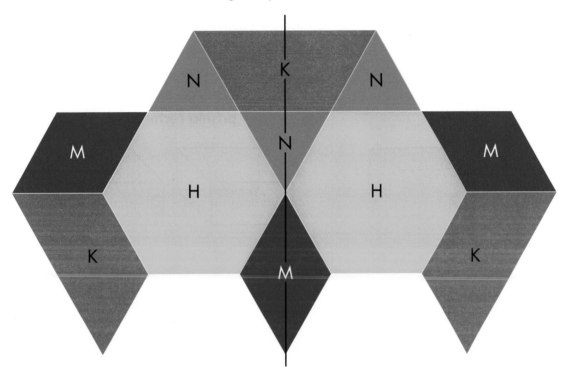

Noemí: *Mi diseño tiene dos ejes de simetría. Si lo doblara de arriba abajo o de un lado al otro, las figuras coincidirían.*

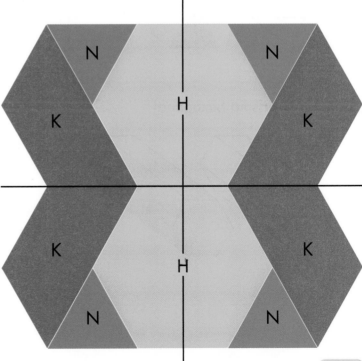

¿Qué diseño tiene un área mayor, el de Bill o el de Noemí? ¿Cómo lo sabes?

Sólidos geométricos

(página 1 de 3)

Un sólido geométrico es una figura que tiene tres dimensiones: longitud, ancho y altura.

Aquí se muestran algunos ejemplos de los sólidos geométricos que estás usando en la escuela.

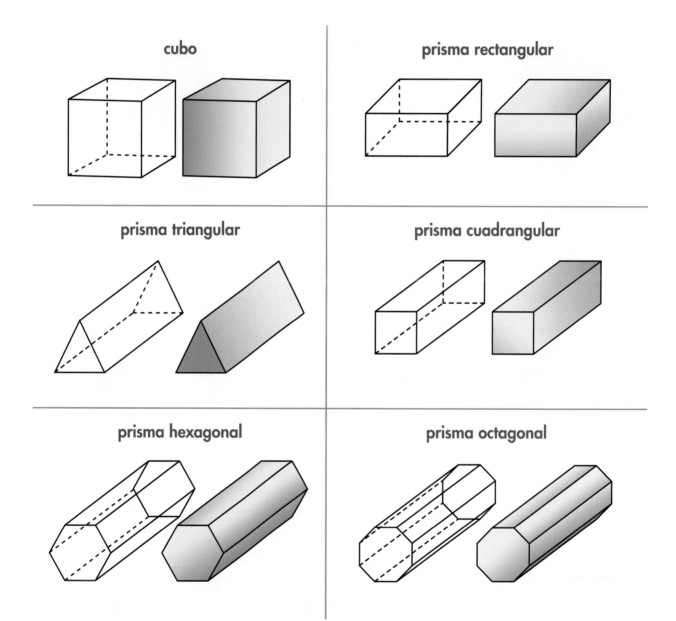

cubo

prisma rectangular

prisma triangular

prisma cuadrangular

prisma hexagonal

prisma octagonal

Sólidos geométricos (página 2 de 3)

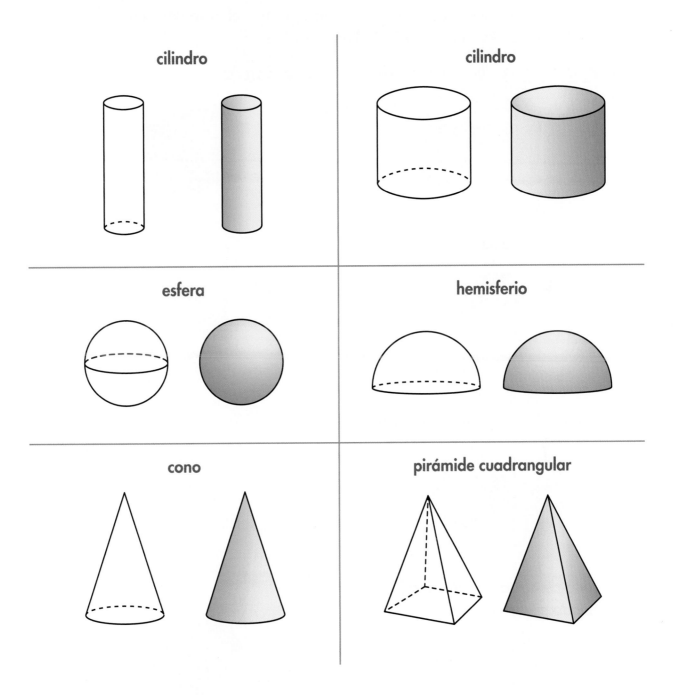

cilindro

cilindro

esfera

hemisferio

cono

pirámide cuadrangular

Describe un objeto real que tenga la forma de cada uno de los sólidos geométricos que se muestran en esta página.

Sólidos geométricos (página 3 de 3)

Lucy se dio cuenta de que algunos de los objetos de su cocina se parecen a los sólidos que su clase ha estado estudiando en la escuela.

Lucy: *La tostadora tiene la forma de un prisma rectangular.*

Esta lata de sopa tiene la forma de un cilindro.

El wok de papá tiene la forma de un hemisferio.

Mi cono de helado es un cono y la bola de helado parece una esfera.

Caras, aristas y vértices

Palabras de matemáticas
- **cara**
- **arista**
- **vértice**

Una manera de describir un sólido geométrico es identificando el número de caras, aristas y vértices que tiene.

Una cara es una figura bidimensional que forma la superficie plana de una figura tridimensional.	Una arista es el segmento de recta donde se encuentran dos caras.	Un vértice es la esquina que forman dos aristas al encontrarse.

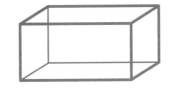

vértice

arista

cara

Un prisma rectangular tiene:

6 caras	12 aristas	8 vértices

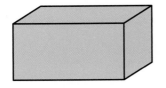

(En este dibujo no se pueden ver todas las caras.)

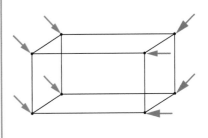

¿Cuántas caras tiene este prisma rectangular?
¿Qué forma tienen las caras?
¿Cuántas aristas tiene?
¿Cuántos vértices tiene?

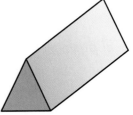

Sólidos y siluetas

(página 1 de 2)

Una silueta es una forma plana y oscura que se produce cuando un objeto bloquea la luz. Es como una sombra. La luz de esta lámpara está creando la silueta de la cara de esta niña. En la silueta puedes ver el contorno de su perfil, pero no los rasgos de su cara.

La clase de Andrew examinó las siluetas creadas por diferentes sólidos geométricos.

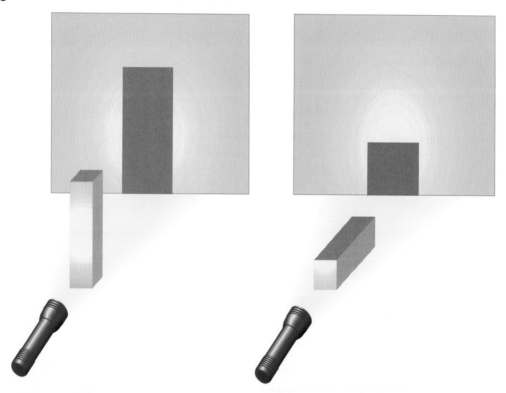

Andrew: *El prisma cuadrangular puede formar una silueta alta y delgada o una silueta cuadrada dependiendo de su posición y de cómo la luz brille sobre él.*

Sólidos y siluetas

(página 2 de 2)

Yuki: *Este cilindro puede formar una silueta rectangular igual a la del prisma cuadrangular.*

Venetta: *La superficie es curva, pero forma una sombra rectangular.*

Ramona descubrió que tres sólidos geométricos diferentes pueden crear la misma silueta.

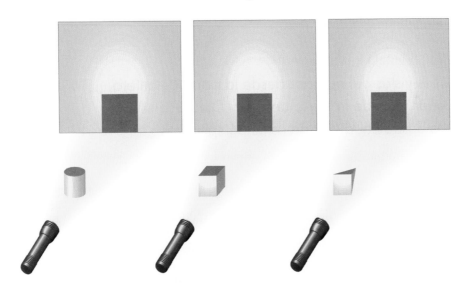

Ramona: *Como el cubo y la pirámide cuadrangular tienen caras cuadradas, esperaba que tuvieran una silueta cuadrada. Me sorprendió que el cilindro formara una silueta cuadrada.*

 ¿Qué siluetas puede formar este prisma triangular?

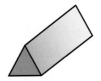

Formar siluetas con cubos

Jill usó cubos para hacer este edificio.

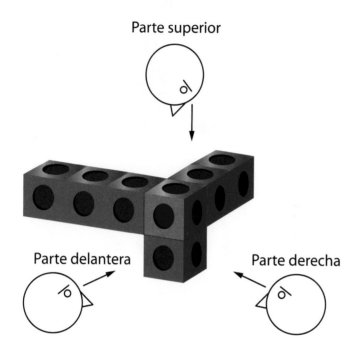

Parte superior

Parte delantera

Parte derecha

Imaginó tres diferentes vistas del edificio: desde la parte delantera, desde la parte superior y desde la parte derecha. Dibujó la silueta del edificio de cubos desde cada una de estas perspectivas.

Dibujos de Jill

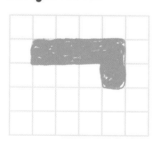

Vista delantera

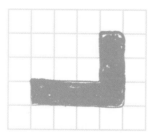

Vista superior desde la parte delantera

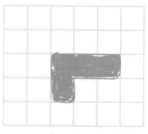

Vista desde el lado derecho

¿Dónde aparece el cubo rojo en cada una de las siluetas de las vistas de Jill?

Volumen de cajas

(página 1 de 2)

El volumen es la cantidad de espacio que ocupa un objeto tridimensional, así como la cantidad de cubos que llenaría completamente una caja.

Aquí se muestra el patrón para hacer una caja abierta.

¿Cuántos cubos cabrán en esta caja?

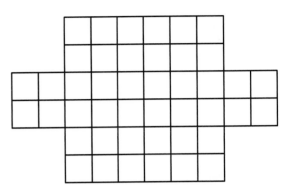

Marisol y Jake resolvieron este problema de diferentes maneras.

Marisol: *Corté el patrón y armé la caja con cinta adhesiva. Llené la caja de cubos. Luego, saqué los cubos y los conté.*

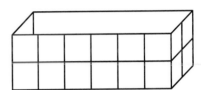

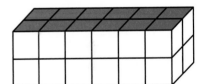

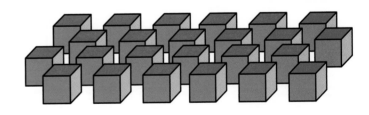

Jake: *Se necesitan 12 cubos para llenar el primer nivel de la caja. Si doblas hacia arriba los lados del patrón, se formarán dos niveles. En la caja cabrán 24 cubos.*

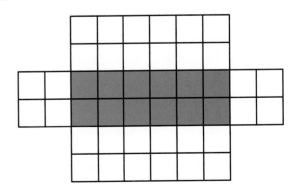

Volumen de cajas (página 2 de 2)

Ésta es la base de una caja abierta en la que caben exactamente
36 cubos.

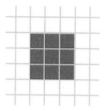

Dibuja los lados para completar el patrón de la caja.

La solución de Andrew

En el nivel del fondo caben nueve cubos.
Por tanto, en los niveles caben 9, 18, 27
y 36 cubos. Hay 4 niveles de 9 cubos.
Dibujé lados de 4 niveles de altura.

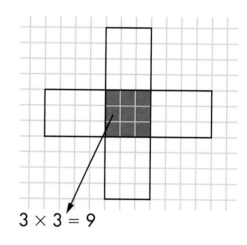

$3 \times 3 = 9$

La caja que Andrew diseñó será así:

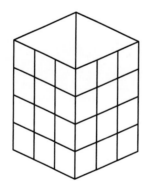

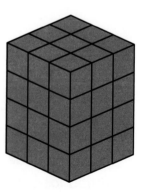

Los 36 cubos caben exactamente en la caja.

**Dibuja el patrón de una caja diferente en la que también quepan
36 cubos.**

Tabla de juegos

	Para la unidad	Página
Capturar fracciones	6	**J1**
Cambiar lugares	5	**J2**
Cerca de 1,000	5	**J3**
Comparar decimales	6	**J4**
Bingo de factores	8	**J5**
Pares de factores	1	**J6**
Completar dos	6	**J7**
Factores que faltan	3	**J8**
Baraja de múltiplos	1	**J9**
Matriz pequeña/Matriz grande	3	**J10**

Capturar fracciones

Necesitas

* baraja de tarjetas
  de fracciones

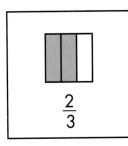

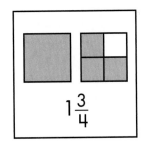

Juega en pareja o con un grupo pequeño.

1 Divide la baraja en pilas de tamaños iguales, una para cada jugador. Coloquen sus tarjetas boca abajo.

2 En cada vuelta, cada jugador voltea la tarjeta de arriba de su pila. El jugador que tenga la fracción más grande gana, se queda con las tarjetas de los otros jugadores y las coloca en la parte de abajo de su propia pila.

3 Si dos de las tarjetas muestran fracciones equivalentes, esos dos jugadores voltean otra tarjeta. Quien tenga la fracción más grande gana todas las tarjetas de los otros jugadores.

4 La persona con el mayor número de tarjetas gana. El juego puede acabarse en cualquier momento.

Cambiar lugares

Necesitas

- libro de 1,000
- tarjetas de cambio
- hoja de anotaciones de *Cambiar lugares*

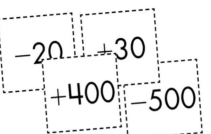

<table>
<tr><td colspan="3">Nombre _____ Fecha _____</td></tr>
<tr><td colspan="3">Potencias de diez y números grandes</td></tr>
<tr><td colspan="3">Cambiar lugares Hoja de anotaciones
Anota tu número inicial, las tarjetas de cambio que usaste
y una ecuación que muestre el nuevo número que formaste.

Recuerda que tu nuevo número es siempre tu siguiente
número inicial.</td></tr>
<tr><th>Número inicial</th><th>Tarjetas de cambio</th><th>Ecuación</th></tr>
<tr><td>Ejemplo: 24</td><td>+10, −20, +100</td><td>243 + 10 − 20 + 100 = 333</td></tr>
<tr><td>1.</td><td></td><td></td></tr>
<tr><td>2.</td><td></td><td></td></tr>
<tr><td>3.</td><td></td><td></td></tr>
<tr><td>4.</td><td></td><td></td></tr>
<tr><td>5.</td><td></td><td></td></tr>
<tr><td>6.</td><td></td><td></td></tr>
<tr><td>7.</td><td></td><td></td></tr>
<tr><td>8.</td><td></td><td></td></tr>
<tr><td>9.</td><td></td><td></td></tr>
<tr><td>10.</td><td></td><td></td></tr>
</table>

Sesión 1.3

Unidad 5 5

Juega con un compañero.

1. Escoge una página de tu libro de 1,000 y escribe un nuevo número en esa página. Ese será tu número de partida.

2. Saca 5 tarjetas de cambio del grupo y espárcelas boca arriba de manera que tú y tu compañero puedan verlas. Ambos usarán el mismo grupo de tarjetas en cada vuelta.

3. Usa cualquiera o todas las tarjetas de cambio para formar un nuevo número que escribirás en tu libro de 1,000. Si el número que formaste ya está escrito, encuentra una manera diferente de usar las tarjetas de cambio.

4. Si por alguna razón no puedes usar las tarjetas de cambio que has sacado para escribir un nuevo número en la página, debes reemplazarlas por otras tarjetas.

5. En la siguiente vuelta, retira otras cinco tarjetas de cambio. Como número de partida, usa el número que acabas de escribir en tu libro.

6. En cada vuelta, revisa para asegurarte de que haz hecho los cambios correctos. Anota la ecuación que muestra tu número de partida, las tarjetas de cambio que usaste y tu nuevo número en la hoja de anotaciones de *Cambiar lugares*.

Variación

Usa la tabla de 10,000 que hizo tu clase. (Tu maestro te dará copias adicionales si las necesitas.) Sigue las indicaciones en la hoja para encontrar otros números. Escribe esos números en la tabla de 10,000.

Cerca de 1,000

Necesitas

- tarjetas de dígitos
  (1 baraja por pareja)
- hoja de anotaciones
  de *Cerca de 1,000*

COMODÍN

Nombre _____ Fecha _____

Potencias de diez y números grandes

Cerca de 1,000 Hoja de puntajes

Juego 1   Puntaje

Vuelta 1: _____ + _____ = _____

Vuelta 2: _____ + _____ = _____

Vuelta 3: _____ + _____ = _____

Vuelta 4: _____ + _____ = _____

Vuelta 5: _____ + _____ = _____

Puntaje final _____

Juego 2   Puntaje

Vuelta 1: _____ + _____ = _____

Vuelta 2: _____ + _____ = _____

Vuelta 3: _____ + _____ = _____

Vuelta 4: _____ + _____ = _____

Vuelta 5: _____ + _____ = _____

Puntaje final _____

R22 Unidad 5   Sesiones 2.5, 2.6, 3.4, 3.5, 4.2, 4.3, 4.5, 4.6

Juega en pareja.

1 Reparte ocho tarjetas de dígitos a cada jugador.

2 Usa cualquier combinación de tres cartas para formar dos números. Por ejemplo, un 6, un 5 y un 2 pueden formar 652, 625, 526, 562, 256 o 265. Los comodines pueden reemplazar a cualquier dígito. Trata de formar dos números que, al sumarlos, den un total cercano a 1,000.

3 Escribe esos números y el total en la hoja de anotaciones de *Cerca de 1,000*. Por ejemplo, $652 + 347 = 999$.

4 Halla tu puntaje. Tu puntaje es la diferencia entre tu total y 1,000.

5 Coloca las tarjetas que usaste en una pila de descarte. Guarda las dos tarjetas que no usaste para la siguiente vuelta.

6 Para la siguiente vuelta, reparte seis tarjetas a cada jugador. Forma más números que al sumarlos den resultados cercanos a 1,000.

7 Cuando te quedes sin tarjetas, mezcla la pila de descarte y vuelve a usar esas tarjetas.

8 Después de cinco vueltas, suma los puntajes para hallar el puntaje final. El jugador con el puntaje final más bajo, gana.

Variación

Escribe el puntaje con los signos de más y menos para mostrar si tu total es menor o mayor que 1,000. Por ejemplo, si tu total es 999, tu puntaje es −1. Si tu total es 1,005, tu puntaje es +5. El total de estos dos puntajes es +4. Tu objetivo es, después de cinco vueltas, obtener un puntaje tan cercano a 0 como sea posible.

Comparar decimales

Necesitas

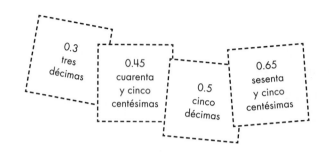

- baraja de tarjetas de decimales (Pueden combinarse 2 barajas si juegan 3–4 personas)

Juega con 2 o más jugadores.

1 Divide la baraja en pilas iguales, una para cada jugador. Coloquen sus tarjetas boca abajo.

2 En cada vuelta, cada jugador voltea la tarjeta de arriba de su pila. El jugador con el número más grande gana, se queda con las tarjetas de los otros jugadores y las coloca en la parte de abajo de su pila.

3 Si dos de las tarjetas muestran el mismo número (cuando 2 barajas han sido combinadas), esos dos jugadores voltean otra tarjeta. Quien tenga el número más grande se queda con todas las tarjetas de los otros jugadores.

4 El jugador con el mayor número de tarjetas gana. El juego puede acabarse en cualquier momento.

Bingo de factores

Necesitas

630

180

- tarjetas de números para *Bingo de factores* (1 baraja por pareja)
- tableros de *Bingo de factores* (1 por jugador)
- fichas o monedas de 1¢ para cubrir los números

Juega en pareja.

1. Cada jugador escoge uno de los cuatro tableros de *Bingo de factores*. Los jugadores juegan en diferentes tableros. Por ejemplo, un jugador escoge el tablero A y otro jugador escoge el tablero B para el primer juego.

2. El primer jugador levanta una tarjeta de la baraja de tarjetas de números de *Bingo de factores*. Cada jugador mira su tablero y escoge un número que sea factor del número en la tarjeta. Los jugadores cubren ese factor con una ficha. Los jugadores pueden escoger diferentes factores.

3. El segundo jugador levanta una tarjeta y de nuevo los jugadores escogen un factor de ese número en su propio tablero y cubren el número con una ficha.

4. Si un jugador levanta un comodín, el jugador dice cualquier número que sea múltiplo de 10 y todos los jugadores deben entonces encontrar un factor de ese número en sus tableros.

5. El juego continúa hasta que un jugador haya cubierto cinco números en fila ya sea vertical, horizontal o diagonalmente.

Pares de factores

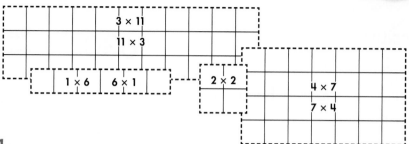

Necesitas

- un grupo de
  tarjetas de matriz

Juega solo o en pareja.

1 Esparce frente a ti todas las tarjetas de matriz. Todas las tarjetas deben tener la cara de las dimensiones hacia arriba.

2 Escoge una tarjeta de matriz y coloca tu dedo sobre ella. Di el número de cuadrados que hay en la matriz si lo sabes. (No levantes la tarjeta hasta que digas la respuesta.) Si no sabes el número de cuadrados, usa una estrategia para descubrirlo. Encuentra una manera para descubrir cuántos cuadrados hay sin contarlos uno por uno.

3 Voltea la tarjeta para verificar tu respuesta. Si tu respuesta es correcta te quedas con la tarjeta.

4 Si estás jugando con un compañero, túrnense para escoger las tarjetas y descubrir el número de cuadrados que hay en cada matriz.

5 Jueguen hasta que hayan escogido todas las tarjetas.

6 Mientras juegas, haz listas para ti mismo de las "combinaciones que ya conozco" y las "combinaciones que estoy aprendiendo." Estas listas las utilizarás como ayuda para aprender tus combinaciones de multiplicación.

Completar dos

Necesitas

- baraja de tarjetas de decimales
- cuadrados de 10 × 10, (1 hoja por jugador)
- crayones o marcadores (de dos colores o más) para cada jugador

0.75 setenta y cinco centésimas

0.1 una décima

0.9 nueve décimas

Nombre _____ **Fecha** _____

Tarjetas de fracciones y cuadrados decimales

Rectángulos de 10 × 10

© Pearson Education 4

Sesiones 1.6, 1.7, 3.1, 3.2, 3.3, 3.4, 3.5, 3.6

Unidad 6 **R15**

Juega en pareja.

1 Mezcla las tarjetas y coloca la baraja boca abajo. Voltea las primeras cuatro tarjetas de la parte de arriba y colócalas boca arriba en una fila.

2 El jugador 1 escoge una de las tarjetas que están boca arriba, colorea esa cantidad en uno de los cuadrados en la hoja de cuadrados de 10 × 10 y escribe el número decimal debajo del cuadrado. El objetivo es colorear dos de tus cuadrados tan completos como sea posible. Nunca colorees una cantidad que sea mayor al cuadrado y no dividas una cantidad para colorear partes de los dos cuadrados.

3 Cuando hayas sacado una de las cuatro tarjetas, reemplázala con la tarjeta que esté en la parte de arriba de la baraja. El otro jugador saca una de las tarjetas que están boca arriba y sigue los mismos pasos.

4 Cambia los colores en cada turno de modo que puedas ver los diferentes números decimales. A medida que los jugadores escriben los números debajo de cada cuadrado, usan el signo más (+) entre los decimales para formar una ecuación que muestre el total coloreado en cada cuadrado.

5 Si todas las tarjetas que están volteadas son mayores que el espacio que falta por colorear en el cuadrado de un jugador, ese jugador pierde su turno hasta que sea volteada una tarjeta que pueda usar.

6 El juego termina cuando ningún jugador pueda jugar una tarjeta. Los jugadores suman todos los números que han coloreado en cada uno de los cuadrados y combinan esas sumas para obtener el total final para ambos cuadrados. El ganador es el jugador cuya suma final esté más cercana a 2.

Factores que faltan

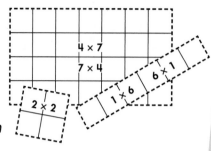

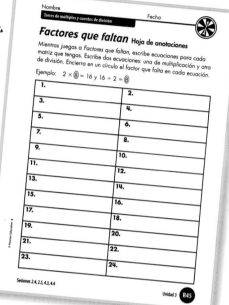

Necesitas

- un grupo de tarjetas de matrices
- hoja de anotaciones de *Factores que faltan*

Juega solo o en pareja.

1 Esparce todas las tarjetas de matrices frente a ti, que se vea la cara de los productos.

2 Escoge una tarjeta de matrices. Se da una de las dimensiones. Tu papel es decir cuál es la otra dimensión. Por ejemplo, si escoges una tarjeta de matriz con un total de 16 y una de las dimensiones es 2, el factor que falta es 8.

3 Da vuelta a la tarjeta para comprobar tu respuesta. Si tu respuesta es correcta, quédate con la tarjeta. Si tu respuesta es incorrecta, devuelve la tarjeta al grupo de tarjetas de matrices colocando la cara del factor hacia arriba.

4 En la hoja de anotaciones de *Factores que faltan,* escribe dos ecuaciones, una de multiplicación y una de división, que vayan con cada matriz que tengas. Encierra en un círculo el factor que falta. Por ejemplo:

$$2 \times \textcircled{8} = 16 \quad y \quad 16 \div 2 = \textcircled{8}$$

5 Si estás jugando con un compañero, túrnense para escoger tarjetas hasta que todas las que tengan productos sean recogidas.

6 Cuando sólo queden tarjetas que muestren la cara del factor, túrnense para señalar las tarjetas y decir qué hay en el otro lado (el número total de cuadrados). Cuando la respuesta sea correcta, el jugador se queda con la tarjeta. El jugador con el mayor número de cartas gana.

Baraja de múltiplos

Necesitas

- un grupo de tarjetas de múltiplos
- calculadoras (opcional)
- hoja de anotaciones de *Baraja de múltiplos*

Juego básico: Números 2–50
Juego intermedio: Números 2–80
Juego avanzado: Números 2–113

Juega en pareja o con un grupo pequeño.

1 Reparte diez tarjetas de múltiplos a cada jugador.

2 Los jugadores colocan frente a ellos sus tarjetas de múltiplos boca arriba. Cada jugador debe poder ver las tarjetas de múltiplos de los demás.

3 Comienza el jugador con el múltiplo más pequeño. Este jugador dice cualquier número entero (excepto 1). Cada jugador anota ese factor en su hoja de anotaciones de *Baraja de múltiplos*.

4 Todos los jugadores (incluyendo el que dijo el número) buscan entre sus tarjetas las que tengan múltiplos de ese número. Cada uno escribe esos números en su hoja de anotaciones y voltea las tarjetas correspondientes. Si un jugador no tiene múltiplos del número que fue llamado, escribe "ninguno" bajo la pila de "tarjetas de múltiplos que volteé."

5 Los jugadores se turnan para decir números. El juego termina cuando algún jugador logra voltear todas sus diez tarjetas de múltiplos.

Matriz pequeña/Matriz grande (página 1 de 2)

Necesitas

- grupo de tarjetas de matrices
- hoja de anotaciones de *Matriz grande/ Matriz pequeña*
- cartulina

Juega con un compañero o forma equipos de 2 jugadores.

1 Reparte 10 tarjetas de matrices a cada jugador (o equipo) y espárcelas con la cara del factor hacia arriba.

2 En una hoja de cartulina esparce 6 tarjetas de matrices más con la cara del factor hacia arriba. Esas son las tarjetas centrales. Haz una pila con las tarjetas sobrantes y colócalas a un lado.

3 Los jugadores toman turnos emparejando matrices pequeñas con matrices grandes. "Emparejar" significa encontrar dos matrices que tengan una dimensión, o uno de los lados, del mismo tamaño. Por ejemplo, 3×11 y 5×11 se pueden emparejar.

4 En tu turno, trata de emparejar una de tus tarjetas de matrices con una tarjeta central. Coloca tu tarjeta sobre la tarjeta central de modo que ésta cubra parte de la matriz. Debes usar sólo una matriz por turno.

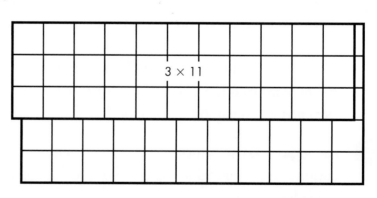

3×11

Matriz pequeña/Matriz grande (página 2 de 2)

5 Si ninguna de tus tarjetas de matrices se empareja con una tarjeta central, puedes hacer una de dos cosas:

(a) Saca una tarjeta de la pila. Juégala si puedes o agrégala a tus tarjetas de matrices si no puedes hacerlo.

(b) Escoge una matriz central que puedas emparejar con otra de las matrices centrales y juega esa tarjeta. Esto es particularmente útil cuando hay matrices pequeñas en el centro.

6 Si usas una matriz central para cubrir otra matriz central debes

(a) reemplazarla con una de las tarjetas de la pila, o

(b) poner una de tus propias tarjetas de matrices en el centro.

7 La meta es lograr un emparejamiento completo cubriendo una matriz grande con una combinación de dos o tres matrices más pequeñas. Cuando juegues una tarjeta que complete el emparejamiento, puedes recoger tanto la matriz grande como las matrices más pequeñas que la cubren. Después reemplazas la tarjeta central por una de las de la pila. En la hoja de anotaciones de *Matriz pequeña/Matriz grande*, utiliza ecuaciones para anotar el emparejamiento completo usando paréntesis para mostrar las matrices pequeñas. Por ejemplo:

$$5 \times 11 = (3 \times 11) + (2 \times 11)$$
$$55 \quad = \quad 33 \quad + \quad 22$$

8 Ten en mente que hay sólo una tarjeta para cada matriz. Algunas veces, para completar un emparejamiento, necesitarás una tarjeta que ya ha sido usada. Cuando esto suceda, puedes usar tu turno para decir cuál es la tarjeta que se necesita y completar el emparejamiento.

9 El juego termina cuando no haya más tarjetas o cuando no sea posible hacer más emparejamientos.

Ilustraciones

16–18, 44–46, 49–64, 102–111, 122–123   Jonathan Massie
36, 98, 123   Thomas Gagliano
48, 101, 122   Jared Osterhold
71–86, 99, 102   Jeff Grunewald

Fotografías

Every effort has been made to secure permission and provide appropriate credit for photographic material. The publisher deeply regrets any omission and pledges to correct errors called to its attention in subsequent editions.

Unless otherwise acknowledged, all photographs are the property of Scott Foresman, a division of Pearson Education.

Photo locators denoted as follows: Top (T), Center (C), Bottom (B), Left (L), Right (R), Background (Bkgd)

Cubierta Karin Kuhlmann/©Artists Rights Society (ARS); **7** ©Hot Ideas/ Index Open; **11** (B) Dirk Anschutz/Getty Images, (T) Getty Images; **53** Jupiter Images; **54** SuperStock; **76** Tim de Waele/Corbis; **101** (CL) Getty Images, (BR) Michael Waine/Corbis, (C) Peter Gardner/©DK Images, (BL) Jupiter Images; **109** ©Royalty-Free/Corbis; **111** Jupiter Images; **120** (BL) Oliver Eltinger/Corbis, (CL) Dave King/©DK Images, (TL) Jupiter Images